NORDIC SNOWSHOEING

REINHOLD RAMESBERGER
KARL HEINZ BUHL

Deutscher Skiverband e. V., Planegg 2007

Autorenverzeichnis Kapitel 1, 4, 5, 6, 7, 8, 10: Reinhold Ramesberger (DSV-Bundeslehrteam Nordic) | Kapitel 2: Dr. Gerd Falkner (Sportwissenschaftler und Historiker im DSV) | Kapitel 3: Karl Heinz Buhl (DSV-Bundeslehrteam Nordic) Kapitel 9: Tobias Luthe, Prof. Dr. Ralf Roth (Das DSV nordic aktiv Streckenkonzept ist ein Gemeinschaftsprojekt von DSV-Umweltbeirat und Deutscher Sporthochschule Köln (DSHS), Institut für Natursport und Ökologie. Die Finanzierung erfolgt durch die Stiftung Sicherheit im Skisport (SIS)).

Für den Inhalt und die sachliche Richtigkeit der Darstellungen tragen die jeweiligen Autoren die Verantwortung.

Bildverzeichnis Titel: Firma Salomon | Kapitel 1, 4, 5, 6: Tobias Luthe
Kapitel 2 : Dr. Gerd Falkner | Kapitel 3, 4, 5, 6, 7: Reinhold Ramesberger
Kapitel 9: DSV-Umweltbeirat | S. 165: Alexander Rochau
Grafiken: K. Kraus/R. Ramesberger

Impressum

Herausgeber Deutscher Skiverband e. V., Planegg
Schlussredaktion Dr. Gerd Falkner, Wencke Hölig
Lektorat Sonja Gastl
Grafisches Konzept Andrea Bäumler, Wielenbach
Herstellung Margit Strohmeier-Knödel
Satz und Druck fgb · freiburger graphische betriebe · www.fgb.de

© 2007

ISBN 10: 3-938963-10-7

ISBN 13: 978-3-938963-10-4

Das gesamte Werk ist urheberrechtlich geschützt. Jede Verwertung ist ohne Zustimmung der Autoren unzulässig und strafbar. Dies gilt insbesondere für Vervielfältigungen, Übersetzungen, Mikroverfilmungen und Vorlesungen. Darüber hinaus ist das Einspeichern und Verarbeiten in elektronischen Systemen unzulässig und strafbar. Eine auszugsweise Verwertung im Rahmen von Vorträgen, Referaten und Publikationen ist grundsätzlich genehmigungspflichtig.

Inhaltsverzeichnis

Vorwort 7

1. **Nordic Snowshoeing im DSV nordic aktiv Konzept** . . 9
2. **Zur Historie des Schneeschuhs** 11
3. **Materialkunde** 16
3.1. Schneeschuhe 16
3.2. Stöcke 19
3.3. Schuhe 20
3.4. Bekleidung 20
3.5. Sicherheits- und Spezialausrüstung 22

4. **Nordic Snowshoeing Techniken** 23
4.1. Grundtechniken 25
    4.1.1. Diagonalschritt ohne Stöcke 26
    4.1.2. Diagonalschritt mit Stöcken 27
    4.1.3. Storchengang 29
4.2. Aufstiegstechniken 30
    4.2.1. Duck Step 30
    4.2.2. Kick Step 31
4.3. Traversentechniken 32
    4.3.1. Traversieren zweispurig 33
    4.3.2. Line Step 34
    4.3.3. Line Hill Step 35
    4.3.4. Side Step (vertikal) 36
    4.3.5. Side Step (horizontal) 36

INHALTSVERZEICHNIS

4.4. Abstiegstechniken 37
    4.4.1. Abstieg im Diagonalschritt 38
    4.4.2. Doppelstockstütz 40
    4.4.3. Sliden 41
4.5. Richtungsänderungen 42
    4.5.1. Bogengehen 43
    4.5.2. Umtreten 44
4.6. Sonderformen 44
    4.6.1. 1:2 Schritt 45
    4.6.2. Pendelschritt 46
4.7. Runningtechniken 46
    4.7.1. Running ohne Stöcke 47
    4.7.2. Running mit Stöcken 48
    4.7.3. Running mit Doppelstockunterstützung 49
4.8. Snowshoe Racing ohne Stöcke – mit Stöcken 50

5. Technik entwickeln 52
5.1. Technische Grundlagen 52
5.2. Allgemeine Tipps 54
5.3. Dehnen 56
5.4. Mobilisieren 59
5.5. Kräftigen 60
5.6. Übungspool 62
5.7. Beispiel „Kids on Snowshoe" 69

6. Pädagogik-Didaktik-Methodik ... 74
6.1. Soziale Kompetenz ... 75
6.2. Fachkompetenz ... 78
    6.2.1. Kartenkunde/Orientierung ... 79
    6.2.2. Tourenplanung/-vorbereitung ... 81
    6.2.3. Tourendurchführung ... 83
    6.2.4. Führungstaktische Grundregeln ... 87
6.3. Methodenkompetenz ... 88
    6.3.1. Lerntypen ... 88
    6.3.2. Methodik ... 89
    6.3.3. Positives Lernklima – Win-Win-Situationen ... 91
6.4. Nordic Snowshoeing mit Kindern ... 92

7. Training und Gesundheit ... 97
7.1. Trainingsprinzipien ... 98
7.2. Trainingsmethoden ... 101
7.3. Trainingsempfehlungen ... 102
7.4 Das Drei-Komponenten-System ... 105
    7.4.1. Die medizinische Komponente ... 105
    7.4.2. Die psychologische Komponente ... 111
    7.4.3. Die pädagogische Komponente ... 112
7.5 Herzfrequenz ... 114

INHALTSVERZEICHNIS

8. Alpine Gefahren 116
8.1. Schneekunde 116
8.2. Lawinenkunde 125
8.3. Risikomanagement 127

**9. Interaktionen des Schneeschuhläufers
mit der Natur** 146
9.1 Nordischer Sport birgt Konfliktpotential 146
9.2 Schutz von Natur, Pflanzen und Tieren – warum? . . . 146
9.3 Besonderheiten im Winter 148
9.4 Gefährdete Tierarten im Umfeld des Schneeschuhläufers 150
9.5 Unterschiede Mittel- und Hochgebirge 152
9.6 Nordic Snowshoeing – konkret 153
9.7 Verhaltenstipps 154

10. Rechtskunde 157
10.1 Zivilrecht 158
10.2 Strafrecht 159
10.3 Öffentliches Recht 161

Literaturverzeichnis 162

Vorwort

Winterlicher Spaß auf großem Fuß!

Das Nordic Snowshoeing Lehrbuch ist ein Teil der DSV nordic aktiv Ausbildungsreihe. Zu dieser Reihe gehören unter anderem die Lehrbücher für Nordic Walking, Nordic Blading und Nordic Skiing sowie weitere Bände zu Spezialthemen, wie z. B. „Kräftigen und Dehnen" im Nordic Walking.

Das Lehrbuch richtet sich vor allem an Übungsleiter, Skilehrer und Trainer, die im Breitensport tätig sind. Daneben wollen wir Ihnen mit diesem Buch das notwendige Grundlagenwissen über das Snowshoeing mitgeben, Sie für die Natur aber auch für die alpinen Gefahren sensibilisieren und die vielen Möglichkeiten dieser nordischen Natursportart aufzeigen.

Ausgangspunkt für dieses Lehrbuch ist das ganzjährig ausgerichtete DSV nordic aktiv Konzept SOFT – FITNESS – SPORT, das für jede Zielgruppe, ob jung oder alt, ob trainiert oder Einsteiger das richtige Betätigungsfeld bereithält.

Nach einem kurzen Exkurs in die Geschichte und Materialkunde, stehen die Bewegungstechniken und eine umfangreiche Übungssammlung zum Erlernen und Vermitteln der Techniken im Vordergrund. Der zweite Augenmerk dieses Buches liegt auf der Sensibilisierung für Risikobewusstsein, Umweltbewusstsein und für die Planung sowie die Durchführung einer Tour.

Auf eine detaillierte Abhandlung der Themen: Training, Sportdidaktik und Sportmedizin wurde bewusst verzichtet. Der Anspruch dieses Buches liegt vielmehr darin, ein praktischer Begleiter zu sein, der das Wichtigste rund ums Nordic Snowshoeing vermittelt und Sie gut auf Ihre erste Snowshoeing Tour vorbereiten soll.

Wir wünschen Ihnen viel Spaß bei der Tour durch diese Literatur und beim Wandern durch die tiefverschneite Winterlandschaft mit Ihren Schneeschuhen. Let's go Snowshoeing!

Die Autoren

Reinhold Ramesberger
Karl Heinz Buhl

1. Nordic Snowshoeing im DSV nordic aktiv Konzept

Im letzten Jahrhundert waren es noch echte Abenteurer, die im Winter auf Snowshoes die Wildnis erschlossen. Heute ist es die Alternative im Schneesport, die im Gegensatz zu vielen anderen Wintersportarten für „Jedermann" erreichbar ist.
Schneeschuhlaufen ist ein richtiger Sport, der sowohl Anfängern wie auch Fortgeschrittenen bis hin zum wettkampfambitionierten Sportler offen steht. Sowohl der Wellnesssportler, der Ruhe und Erholung in der Natur sucht, wie der Tourensnowboarder, der ein Aufstiegsmittel als Mittel zum Zweck sucht, bis zum ambitionierten Wettkampfsportler finden hier ein Betätigungsfeld. Spätestens die erste Schneeschuh-Weltmeisterschaft im Jahr 2006 hat das sportliche Schattendasein des Snowshoeing auch in Europa beendet und einen neuen Trend eingeleitet.
Für Anfänger, die das Snowshoeing in aller Ruhe ausprobieren wollen, sind gewalzte, gesicherte und markierte Routen für den sogenannten Softbereich zu empfehlen. Für den Fitness- und Sportbereich können aber sogar intensivere Trainingseinheiten daraus werden, je nachdem, mit welcher Intensität und in welchem Gelände der Sport betrieben wird. Durch die längeren Kontaktzeiten und das geringe Einsinken in den Schnee ist Snowshoeing zwar anstrengender als Wandern oder Laufen, doch man fühlt sich dabei, als ob man auf Watte ginge.

Das Schneeschuh-Wandern auf gewalzten, gesicherten und markierten Routen ist für Anfänger nicht so anstrengend und der Einstieg ist auch ohne Stöcke leicht möglich, da das Einsinken komplett entfällt.
Als nächste Stufe sind markierte, nicht gewalzte Routen zu empfehlen:
Durch das leichte Einsinken in weichen, nicht gewalzten Schnee wird schon ein großes Maß an Anstrengung und Gleichgewichtsfähigkeit abgefordert. Die Stöcke werden im ungewalzten Gelände zum unverzichtbaren Bestandteil.
Erst wenn die grundlegenden Technikelemente bereits konditioniert sind und auch ein Basiswissen bezüglich Risikomanagement in alpinem und subalpinem Gelände vorhanden ist, können Routen auf mittleren und hohen Bergen angegangen werden.

In den mittleren und hohen Lagen abseits gesicherter Pisten sind die schönsten Landschaften zu finden, das Ziel jedes Snowshoers. Dafür sind sie jedoch alpinen Gefahren ausgesetzt. Lawinen sind dabei eine nicht zu unterschätzende Gefahr. Die Kenntnis des Berges und seiner Gefahren ist daher unerlässlich.

Training mit Schneeschuhen im tieferen Schnee ist eine tolle Sache, die durch den Auftrieb der breiteren Schneeschuhfläche richtig Spaß macht. Die Stöcke unterstützen zwar die Bewegung, haben aber nicht jenen Stellenwert, wie etwa beim Skilanglauf oder beim Nordic Walking.
Flottes Schneeschuhgehen ist als allgemeines Grundlagenausdauertraining perfekt. Eine mögliche Anstrengung wird durch den Spaß- und Naturfaktor nicht so rasch wahrgenommen. Ein Effekt, der bei „Kids on Snowshoes" durchaus sehr bedeutend ist.
Schneeschuhgehen im Tiefschnee bedingt einen höheren Kniehub – so werden die Hüftbeuger gekräftigt. Eine forcierte Variante ist das Schneeschuhlaufen im Jogging- oder sogar im Racing Bereich. Das ist sehr anstrengend, weil die Intensität durch den tiefen Schnee gesteigert wird. Bergaufgehen fördert durch den Schneewiderstand und das Einsinken in den Schnee die Kraftausdauer in den Beinen und stärkt die Rumpfmuskulatur. Überdies ist das Bergaufgehen eine gute Gelegenheit, bewusst auf die Atmung zu hören und an der Atemtechnik zu feilen.

Jeder kann diese Sportart ergreifen – und jeder sollte sie fundiert erlernen! Der DSV bietet Ihnen mit diesem Lehrbuch die theoretischen Grundlagen und lädt Sie herzlich ein, die Praxis in einem Nordic Snowshoeing Modul kompetent zu erlernen.

2. Zur Historie des Schneeschuhs

Dr. Gerd Falkner

Seit jeher waren die Menschen bemüht, Lösungen zu finden, die es ihnen ermöglichten, auch im tiefen Schnee schnell und kraftsparend voranzukommen.

Dem Zweck und den Geländegegebenheiten angemessen, entwickelten sich weltweit zwei grundsätzliche Lösungsvarianten, die durchaus zeitgleich entstanden und vielerorts nebeneinander existent waren.

Die eine führte zur Entwicklung der Schneereifen bzw. des Schneeschuhs. Im Schnee nicht tief einzusinken und relativ unbehindert auch im dichten Wald voranzukommen, dürften die Grundanforderungen gewesen sein, die dieser Entwicklung zugrunde lagen.

Die andere Entwicklungsrichtung mündete letztlich in der Skiherstellung. Das Nichteinsinken und dabei zugleich eine gleitende Fortbewegung zu ermöglichen, waren die Ziele.

Eine Besonderheit, stellen sogenannte Moor- bzw. Sumpfski dar. Ihre Verwendung z. B. für die Entenjagd ist bis in die Gegenwart belegt und auch im 2. Weltkrieg kamen sie massenhaft zur Anwendung.

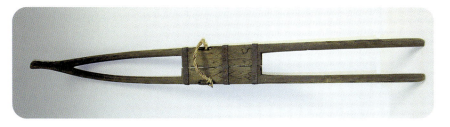

„Moorski" (ca. 1900)

Exakte Angaben darüber, seit wann es Schneeschuhe überhaupt gibt, lassen sich nicht finden. Schätzungen sprechen von etwa 6000 Jahren. Mit ziemlicher Sicherheit sind sie aber älter. Von den Ski wissen wir seit kurzem, dass es sie seit der Mittleren Steinzeit, seit mindestens etwa 7000–8000 Jahren gibt. Auf dieses Alter sind Funde an der russischen Nordmeerküste datiert worden.

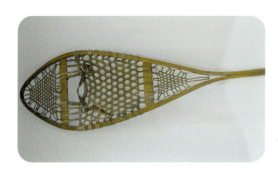

Typischer kanadischer Schneeschuh (ca. 1900)

Erste schriftliche Quellen reichen bis ins 4. Jahrhundert vor Chr. zurück, nehmen aber nur auf das Prinzip des Nichteinsinkens im Schnee Bezug und verweisen auf die Benutzung von Säcken, die Menschen und Tiere an die Füße bekamen, um die Trittflächen zu vergrößern. Ab dann finden sich in schöner Regelmäßigkeit Hinweise auf derartige Konstruktionen aus nahezu allen Weltgegenden, wo Schnee wenigstens im Winter dazugehört. Deshalb wird die Spekulation, die Erfindung der Schneetrittlinge (so eine weitere häufige Bezeichnung) wäre wohl zeitgleich an verschiedenen geographischen Orten der Erde vollzogen worden, wohl dicht an der Wahrheit liegen. Im 20. Jahrhundert hat es verschiedentlich den Versuch gegeben, die Schneeschuhe nach Typen zu klassifizieren und ihre Entwicklung z. B. aus einem Tretschneeschuh, einem Fellschuh bzw. auch einem Sumpfschuh herzuleiten. Letztlich sind all diese Darstellungen im Konjunktiv gehalten, weil es zwar die Möglichkeit, aber nicht die Gewissheit einer so – und nicht anders – verlaufenen Entwicklung gibt (Obholzer 1974/Mehl 1964/Davidson 1937).

Tatsache ist lediglich, dass schon der Steinzeitmensch wusste: Wenn ich die Auflagefläche vergrößere, sinke ich nicht so leicht im Schnee ein und komme kraftsparend schneller voran!

Dementsprechend dürfte immer auch – der jeweiligen Situation angepasst – das gerade vorhandene Material genutzt worden sein, was gerade zur Hand war. Die Rede ist z. B. von Säcken, von Reisigbündeln, von Leder oder Sehnengeflecht in Holzrahmen, von Vollholzbrettchen, Leiterbrettchen und von Weidenrutengeflechten. Im Nutzungsprozess wurden Erfah-

2. ZUR HISTORIE DES SCHNEESCHUHS

Typischer Schneereifen oder Schneeschuh aus Wehrmachtsbeständen (ca. 1942)

rungen gesammelt, die wieder in die Konstruktion der nächsten Trittlinge einflossen und so kam es im Laufe der Jahrhunderte letztlich zu einer mehr oder weniger einheitlichen Konstruktionsform eines stabilen Rahmens mit elastischer, meist geflochtener Trittfläche. Diese konnte flexibel nachgeben und bot zugleich hohen Trittkomfort, ging vor allem nicht so leicht kaputt – war also oft wiederverwendbar. Im 19./20. Jahrhundert gab es dann fast nur noch diese in der Praxis erprobte und bewährte Form, an die auch Snowshoe der Moderne bei ihrer Renaissance dieses Bewegungsgerätes, jetzt vor allem als Sportgerät genutzt, in den 1980er Jahren anknüpften, Speziell die sogenannten kanadischen Schneeschuhe dienten hier als Vorlage.

Ski und/oder Trittlinge zu besitzen, sowie deren Handhabung bewegungstechnisch zu beherrschen, war schon für die frühen Besiedler der Schneeregionen auf der Erde lebensnotwendig. Daran gibt es keinen Zweifel, denn diese nomadisierenden Jäger und Sammler mussten auch im Schnee dem Jagdwild folgen können, um Nahrung zu bekommen und zu überleben. Bis in die Gegenwart werden diese Jagdformen vor allem bei den Naturvölkern gepflegt und wie verschiedene Bilddokumente beweisen, nutzen sie ihre traditionellen Schneeschuhe dazu in bewährter Form. Auch die Verwendung bei kriegerischen Auseinandersetzungen mit anderen Gruppen und Stämmen z.B. um Jagdterritorien, ist sehr früh belegt und eine militärische Nutzung lässt sich ebenfalls lückenlos über die Jahrhunderte bis zur massenhaften Verwendung im 2. Weltkrieg nachweisen.

2. ZUR HISTORIE DES SCHNEESCHUHS

Schneereifengänger sind im Kaukasus schon 500 vor Christus beschrieben (Kupferstich 17. Jh.)

Holzschnitte aus dem Werk von Olaus Magnus zeigen eine Skijagd und Schneetrittlinge (16. Jh.)

Sprechen wir heute von Snowshoeing, so ist das dazu verwendete Gerät eindeutig klar benannt. Was den Begriff „Schneeschuh" aus der historischen Herleitung betrifft, so war damit zweifelsfrei der Ski bezeichnet worden. Dies vor allem auch eindeutig, als es in Mitteleuropa, speziell im deutschen Sprachraum, zur Entwicklung des Skilaufes kommt.

Auch das im 16. Jahrhundert angeblich eine Art Schnabel-Schneeschuh Verwendung gefunden und sich daher die Bezeichnung Schneeschuh für die Trittlinge hergeleitet habe, stimmt nicht. Diese irrige Auffassung bildete sich im Zusammenhang mit dem 1567 auch in deutscher Sprache erschienenen Buch des schwedischen Bischofs Olaus Magnus heraus, in dem er die Lebensweise und Gebräuche der Bewohner Skandinaviens beschrieb und sich ausführlich zum Skilauf äußerte. Die Holzschnitte, die dieses Werk illustrierten, wurden in Italien gefertigt und der Künstler hatte niemals wirklich Ski gesehen. Deshalb und weil immer die Rede von Schneeschuhen war, setzte er seine eigenen bildlichen Vorstellungen um, so die Mär, und prägte damit wesentlich die bildlichen Darstellungen von Ski in der Folgezeit. Bei späteren Darstellungen und Bildern lässt sich dies noch sehr lange Zeit beweisen, denn diese Illustratoren orientierten sich nun am Werk von Olaus Magnus und verbreiteten diese eher irreführenden Vorstellungen vom Aussehen der Ski, die bis heute hier und da fälschlich als „richtige" mittelalterliche Schneeschuhe angesehen werden. Olaus Magnus beschreibt aber zweifelsfrei auch die Verwendung von Trittlingen für Mensch und Tier und die dazugehörigen Abbildungen sind eindeutig (Magnus 1567).

Moderne Hightech-Schneeschuhe entstanden zunächst in Nordamerika in den 1980er Jahren und dienten vor allem als Aufstiegshilfen bei Bergtouren und dem Skitourengehen, aber z. B. auch für Snowboarder, die so nun Startpunkte anvisierten, die von ihnen bisher nicht oder nur sehr mühsam erreicht werden konnten. Doch auch in den Skistationen, um der ermüdeten Skikundschaft ein nachmittägliches Ausgleichangebot körperlicher Aktivität, z. B. nach einem anstrengenden Skivormittag, anbieten zu können. Inzwischen hat Snowshoeing nicht nur eine beachtliche Ausbreitung erfahren und das Sportgerät wird immer moderner und technisch ausgereifter, sondern die Bewegung hat eine solche Eigendynamik angenommen, dass sich daraus ein eigenständiger, regelgerechter Wettkampfsport entwickelt hat. Die breitenskisportliche Nutzung wird aber weiterhin eine große Zukunft haben, weil die leichte Erlernbarkeit, eine maßvolle Körperaktivität und die Möglichkeit, sich an frischer Luft bewegend die Natur zu genießen, sich in geradezu idealer Weise miteinander verknüpfen lassen.

3. Materialkunde

3.1. Schneeschuhe

Der zweckmäßige Schneeschuh wird abhängig vom Einsatzbereich und dem individuellen Körpergewicht (plus Ausrüstung) ausgewählt. Hier gibt es eine Vielzahl von Möglichkeiten: Schneeschuhe können aus Holz, Aluminium, Kunststoff oder Carbon gefertigt sein. Die Anforderungen an den Schuh sind: geringes Gewicht, hohe Steifigkeit und guter Gehkomfort. Je nach Modell kann eine Tragkraft von bis zu 130 kg erreicht werden. Die richtige Größe des Schneeschuhes hat man gewählt, wenn es möglich ist, mit einem langen Schritt in der gleichen Achse vor den anderen zu treten. Primäres Entscheidungskriterium ist daher die Schrittlänge, da nur so die reversible Gehtechnik, d. h. die Rücknahme eines gemachten Schrittes, und alle „Line-Techniken", d. h. das Voreinandersetzen der Schneeschuhe in einer Achse, möglich sind. Einige Hersteller bieten zusätzliche Verlängerungsteile an. Damit kann die Tragkraft noch gesteigert werden bzw. der Schneeschuh kann noch besser auf die verschiedenen Schneearten abgestimmt werden. Je nach Hersteller werden für harte Schneebedingungen unterschiedliche Harscheisen, Steigzacken oder Stahlzacken angeboten. Diese Ausstattung ist im alpinen Gelände sehr wichtig. Sie erleichtert Auf- und Abstieg und kann Abstürze vermeiden helfen. Bei den verschiedenen Bindungen ist darauf zu achten, dass die Bindungsachse stabil ist und auch bei leichten Querungen Halt bietet. Die Einstellmöglichkeiten sollten ohne Werkzeug und großen Aufwand verändert werden können. Steighilfen erleichtern den Aufstieg. Grundsätzlich unterscheidet man **vier Typen von Schneeschuhen:**

1. *Die Originals*
2. *Die Classics*
3. *Die Moderns*
4. *Die Sports*

Typologie Schneeschuhe

Originals

- Netzartige Bespannung
- Große Auftrittsfläche
- Eignung für flache, tiefverschneite Gebiete

 Bear Paws,  Beaver Tails

Die den originalen Schneeschuhen der Trapper und Indianer nachgebauten *Originals* bestehen aus einem hinten zusammengebundenen elastischen Holzrahmen. Verläuft der Holzrahmen nach hinten gerade, so entsteht der sog. Beaver Tail, der zur Führung des Schneeschuhes im Schnee dient. Wird der Holzrahmen am Ende ebenfalls abgerundet zusammengefügt, so spricht man von sogenannten Pear Paws oder im Deutschen oft auch von Schneereifen. Bei beiden Typen von Originals ist die Front leicht hochgebogen, der Schwerpunkt mittig und die Bespannung besteht aus einem geflochtenen Netz aus Riemen, Schnüren oder Bändern. Die Bindung besteht aus einem Riemensystem. Die Haftung der Originals entsteht durch den Druck des Flechtwerks auf den Schnee, verbunden mit einer gewissen Einsinktiefe. Hierzu ist jedoch weicher Schnee und eine geringe Geländesteilheit notwendig. Für Harsch sind Originals ungeeignet.

Classics

- Alurahmen/Kunststoffhaut
- Harschkralle(n)
- Vielseitig einsetzbar

Die *Classics* sind den Pear Paws nachempfunden und bestehen aus einem ovalen, an der Spitze hochgezogenen Alurahmen. Die Innenbespannung besteht aus einer Kunststoffhaut (meist Hypalon) und der Drehpunkt der Bindung ist etwas nach vorne verlagert, um so den Aufstieg zu erleichtern. Der Vorderfuß wird durch eine Vorderfußplatte stabilisiert, an dessen Spitze ein Harschkralle montiert ist. Der Schuh wird mit einem Riemen- oder Schnürsystem fixiert. Die Haftung im Schnee erfolgt mittels einer Harschkralle unter dem Fußballen und bei vielen Classics mittels einer kleineren Harschkralle im Fersenaufsetzbereich. Durch die Harschkrallen ist der Classic Schneeschuh in bis zu mäßig geneigtem Gelände mit mittleren technischen Schwierigkeiten einsetzbar.

Moderns
- Hartplastikschale (kleine Auftrittfläche)
- Bindungsplatte/Steighilfe
- Harschkralle
- Frontalzacken/Spikes
- Alpineinsatz

Die **Moderns** sind primär für den Alpineinsatz konzipiert. Die Tragfläche besteht aus einem leicht flexiblen, meist antistollenden Kunststoff-Body (Hartplastik). Die Fixierung des Fußes erfolgt mit einer Bindungsplatte mit hoher Seitenstabilität. Ähnlich wie bei den Classics befindet sich unter dem Fußballenbereich eine Harschkralle. Überdies sind die Moderns mit Frontalzacken im Fußspitzenbereich und Steighilfen für den Fersenbereich ausgestattet. Sowohl Frontalzacken als auch der Einsatz der Steighilfe ermöglichen den alpinen Einsatz dieses Schneeschuhtyps. Spikes (meist auswechselbare Stahlzacken) über den Mittel- und Hinterfußbereich sorgen ferner für einen sicheren Halt im mittelsteilen Gelände sowie bei eisigem Untergrund oder verharschten Verhältnissen.

Bei hochwertigen Modellen ist die Plattenbindung verstellbar, so dass zum Abstieg der Schwerpunkt weiter nach hinten verlegt werden kann. Dies ist grundsätzlich im Abstieg vorteilhaft.

Sports

- Kleine Auftrittfläche
- Leichte Step-in oder SNS-Bindung
- Eignung für sportlichen Einsatz auf Snow Shoe Tracks (gewalzt) AlpinExtrem

Die **Sports** sind extra für den sportlichen Bereich und für den Wettkampfbereich konzipierte leichte und trotzdem stabile Schneeschuhe.
Die Fixierung des Schuhes erfolgt bei Leichtmodellen durch eine extrem leichte Step-in oder SNS-Bindung.

3.2. Stöcke

Zum Schneeschuhlaufen kann prinzipiell jeder Stock verwendet werden. Als Faustregel wird bei eingesetztem Stock eine Länge empfohlen, bei welcher der Ellbogenwinkel von 90° ausgehend leicht abfallend ist. Die optimalen Stöcke sind Teleskopstöcke, sie können auf alle Bedingungen (Auf- und Abstieg, Schneehöhe) perfekt eingestellt werden. Der Teleskopstock kann aus zwei, drei oder vier ineinander verschiebbaren Teilen bestehen. Die Länge der Stöcke lässt sich von ca. 50 cm bis auf 145 cm einstellen, dadurch lassen sie sich sehr gut im Rucksack verstauen und bieten so für jede Körpergröße eine gute Anpassung. Bei der Vielfalt der Griffe sollte auf die ergonomischen und persönlichen Bedürfnisse geachtet werden. Das Griffband muss leicht verstellbar sein und eine gute Auflage für den Handballen bieten. Sehr angenehm sind Griffe, die eine Federung besitzen, so kann man diese Stöcke auch im Sommer bei Bergtouren wunderbar einsetzen. Der Griff sollte grundsätzlich kälteisolierend. Eine Hartmetallstockspitze erleichtert den Einsatz bei harten Bedingungen, wie Eis oder hartgefrorenem Harsch.
Wie bei jedem anderen Stock gibt es auch zu den Teleskopstöcken verschiedene Stockteller. Gerade beim Schneeschuhgehen werden große Teller empfohlen, damit die Stöcke nicht zu sehr einsinken.

3.3. Schuhe

Die Schuhe lassen sich in drei Gruppen nach ihrem Einsatzbereich einteilen. Es gibt den Wanderschuh, den Tourenschuh und den Raceschuh.

Wanderschuh
Einsatz im ebenen bis leicht hügeligen Gelände. Deshalb sollte der Schuh warm, wasserdicht und atmungsaktiv sein. Bevorzugt sollten höhere Schuhe benutzt werden, sie geben mehr Stabilität und der Schnee fällt nicht so leicht hinein.

Tourenschuh
Einsatz im ebenen bis steilen Gelände. Der Schuh braucht zusätzlich zu den Eigenschaften des Wanderschuhs noch einige Dinge mehr. Er sollte über eine rutschfeste Sohle verfügen (z. B. Vibram), guten Halt bieten und über eine Zehenkappe verfügen. Je nach Einsatz sollte er sogar Steigeisentauglichkeit besitzen.

Raceschuh
Einsatz im Wettkampf: Seine Haupteigenschaft sollte möglichst geringes Gewicht sein. Bevorzugt kommen hier Gelände-Runningschuhe zum Einsatz.

3.4. Bekleidung

Die Kleidung muss den winterlichen Anforderungen jederzeit genügen. Zusätzlich kommt die funktionelle Anforderung als Sportbekleidung zum Tragen. Grundsätzlich wird bei der Bekleidungswahl das sogenannte Layer-Prinzip (= Zwiebelschalenprinzip) empfohlen.

Unterbekleidung (Layer 1)
Ihre Aufgabe ist der Abtransport von überschüssiger Wärme und Feuchtigkeit der Haut. So ergibt es ein ideales Mikroklima, in dem der Körper die optimale Leistung erbringen kann. Wichtig sind eine gute Verarbeitung, dass keine Nähte reiben, ein enganliegender Schnitt und eine leichte Reinigung.

3.4. BEKLEIDUNG

Isolationsbekleidung (Layer 2)
Je nach Temperatur und sportlicher Leistung kommen hier Langarmshirt und Tights zum Einsatz. In dieser Schicht steht die Weiterleitung von Wärme und Feuchtigkeit im Vordergrund. Durch gezielten Einsatz von Ventilations- oder Windstopper-Technik, ergibt es eine funktionelle Kleidung mit hohem Tragekomfort.

Überbekleidung (Layer 3)
Tourenwanderhosen und Soft Shell-Tourenjacken sind als Außenschicht bestens geeignet. Sie verbinden Atmungsaktivität, Wasserdichtheit und Robustheit hervorragend. Bei extremen Minustemperaturen wird diese Schicht mit Fleecekleidung unterstützt.

Regenschutz
Extrem dünne, wasserdichte Bekleidung, die nach Möglichkeit immer noch atmungsaktiv ist.

Kopfbedeckung
Hier sind Mützen und Kappen jeder Art möglich, die je nach Witterung den Kopfbereich vor Nässe, Kälte, Wind und Sonneneinstrahlung schützen.

Handschuhe
Wie bei der Kopfbedeckung ist hier eine Vielzahl an Handschuhen möglich. Wichtig ist auch hier, dass der Schutz vor Kälte, Nässe und Reibung gegeben ist. Es sollten sich keine Nähte an Reibungspunkten zum Stock befinden.

Socken
Je nach Wärmebedarf sind hier dicke bis mitteldicke gepolsterte Wandersocken empfehlenswert. Wie bei den Handschuhen sollte hier auf die Nähte geachtet werden, da sonst leicht Blasen entstehen können. Bei einigen Herstellern werden auch Metallfäden verarbeitet, um der Geruchsbildung entgegen zu wirken.

Gamaschen
Bei sehr tiefem Schnee schützen die Gamaschen vor eindringendem Schnee. Sie gibt es in verschiedenen Längen und für verschiedene Einsatzbereiche, vom reinen Nässeschutz bis zu isolierten Expeditionsgamaschen. Wichtig ist, dass sich die Gamasche gut unter dem Schuh und an

der Vorderschnürung befestigen lässt. Ebenso muss sich die
Gamasche oben gut um den Waden schließen lassen. Wenn
keine Gamaschen vorhanden sind, ist bei Schneeschuhtouren zumindest ein möglichst dichter Beinabschluss der
Hose zu empfehlen.

3.5. Sicherheits- und Spezialausrüstung

Sonnenbrille/Skibrille
Durch die richtige Passform schützen sie das Auge vor Strahlung, Wind
und Schnee.

LVS-Gerät/Zubehör
Lawinenverschütteten-Suchgerät, Sender und Empfänger in einem Gerät
zur möglichst schnellen Ortung und Kameradenhilfe bei einer Verschüttung.
Zusätzlich sind Lawinenschaufel und Lawinensonde sehr wichtig.

Rucksack
Schmal geschnittene Skitourer oder Wanderrucksäcke sind ideal, um
Wechselbekleidung, Erste-Hilfe-Ausrüstung und Getränke mitzunehmen,
ohne dass die Bewegungsfreiheit stark eingeschränkt wird. Neu für Schnee-
schuhgänger: Rucksäcke mit integriertem Rodel, um auf das Gleitgefühl bei
der Abfahrt nicht komplett verzichten zu müssen.

Ein Erste-Hilfe-Pack/Biwaksack zur Erstversorgung und Lagerung bei Ver-
letzungen sind weitere Ausrüstungsempfehlungen.

Notfallausrüstung für Snowshoeing

4. Nordic Snowshoeing Techniken

Snowshoeing ist eine Wintersportart, die leicht zu erlernen, aber deswegen nicht unbedingt leicht zu praktizieren ist. Wechselnde Schneeverhältnisse und Geländeformationen verlangen Variabilität und angepasstes Verhalten. Hänge über 30° sind für Schneeschuhe aufgrund des mangelnden Seitenhalts generell ungeeignet. Querungen mit über 20° Hangneigung sind kaum möglich und bedürfen schon einiger technischer Erfahrung. Rippen und Grate sind grundsätzlich sicherer als Mulden. Bei Neuschnee sinken Schneeschuhe tief ein, daher empfiehlt es sich das Setzen des Schnees abzuwarten. Bei Pressschnee, Bruchharsch und Sulz kann man hingegen über den Schnee hinweglaufen. Der Snowshoer wird sich immer wieder auf neue (Schnee-)Verhältnisse – eisige, weiche, harschige, pulvrige – einstellen müssen.

Aufgrund dieser Tatsachen ist es für den Snowshoer unerlässlich, grundlegende Technikelemente zu beherrschen und die jeweilige Technik je nach Steilheit und Schneebedingungen im Auf- oder Abstieg abrufbereit zu haben, um situationsbedingt die zweckmäßigste Technik anwenden zu können. Kurz gesagt, das einfache Prinzip des Snowshoeing, einen Schritt vor den anderen zu setzen, ist richtig. Es gibt aber Feinheiten, die das Vorankommen deutlich erleichtern.

Grundlegende Technikelemente des Snowshoeing sind:

- Leichter Wiegeschritt (mit Körperschwerpunkt über dem Standbein)
- Reversible Gehtechnik (d. h. Rücknahme jeden Schrittes sollte jederzeit möglich sein)
- Anheben und Setzen des Fußes (Mit Ausnahme Sliden, kein Gleiten)
- Parallele bis leicht V-förmige Fußstellung
- Hüftbreiter Gang

Die Schneeschuhe legt man am besten kniend an, da man so festen Halt und die größte Kraft hat, um die Riemen festzuziehen.

Die Verschlüsse (insbesondere bei Riemenverschlüssen) sollten wegen der Gefahr, sich selbst darin zu verfangen und folglich zu stürzen, grundsätzlich außen sein.

4.1. GRUNDTECHNIKEN

Optimal ist die Stocklänge dann, wenn der Unterarm beim Halten des Stockes von 90° leicht abfällt.

> Verschlüsse außen
> Unteramwinkel 90° abfallend
> Anlegen der Snowshoes im Knien

Grundsätzlich kann Nordic Snowshoeing ebenso wie die übrigen nordischen Sportarten im DSV nordic aktiv Konzept je nach Ziel in den Bereichen

SOFT **FITNESS** **SPORT**

betrieben werden. Hierbei sind Running- und Racing Formen eindeutig dem Sportbereich zugeordnet, während die übrigen Techniken nicht konkret abgegrenzt werden können, da die Ausführungsform einer Technik von den objektiven Naturparametern Schneebedingungen, Schneehöhe, Gelände und dem verwendeten Schneeschuhtyp abhängt. So kann z. B. der Diagonalschritt in der Ebene auf gewalzter Piste durchaus „soft" ausgeführt werden, während dies bei 30 cm unverspurtem Neuschnee und 25° Hangsteilheit eher in den „Fitness-" oder je nach Tempo sogar im „Sportbereich" einzuordnen ist.

Im Snowshoeing werden die Techniken nach der Anwendungsform kategorisiert. Folgende Techniken werden hierbei unterschieden:

Die Grundtechniken, die Aufstiegstechniken, die Traversentechniken, die Abstiegstechniken, die Running Techniken, die Racing Technik sowie die Techniken zur Richtungsänderung. Im Folgenden werden die Techniken sowie Sonderformen in Wort und Bild dargestellt. Hierbei wird darauf hingewiesen, dass die Snowshoeing Techniken nicht Selbstzweck sind, sondern vielmehr ein Mittel zum Zweck, um die individuell ökonomischste Technik situativ abrufbereit zu haben.

4.1. Grundtechniken

Die Grundtechnik im Snowshoeing ist der Diagonalschritt, der in drei Technikausführungen unterschieden wird:
- Diagonalschritt ohne Stöcke
- Diagonalschritt mit Stöcken und
- Storchengang.

Der Diagonalschritt ohne Stöcke ist der ganz normale Wanderschritt, der der alltäglichen Alltagsmotorik entspricht.

Der Diagonalschritt mit Stöcken ist die gebräuchlichste Technik; die wesentlichen Bewegungsmerkmale sind:
- der diagonale und gleichzeitige Bein- und Armabstoß
- der nach vorn pendelnde Arm führt den Stock parallel zum Körper mit.

Der Storchengang ist eine an die Einsinktiefe angepasste Technikausführung des Diagonalschrittes, mit den wesentlichen Bewegungsmerkmalen:
- Anheben des Oberschenkels, bis die Schneeschuhspitze aus dem Schnee kommt
- Anschließendes Setzen des Schneeschuhes von oben nach unten (= Steigen).

Anwendung:
Ebenes Gelände/Leichte Anstiege

4.1.1. Diagonalschritt ohne Stöcke

Mit den Schneeschuhen wird so normal wie möglich gegangen. Ein leicht breitbeiniger Gang mit leichtem Wiegetritt entsteht automatisch durch die Breite des Schneeschuhes. Die Schritte werden gleichmäßig und parallel gesetzt. Die Arme haben keinen aktiven Anteil. Wenn sie intuitiv mit dem Rhythmus der Beine einfach mitpendeln, (gegengleich), dann entsteht die runde Bewegung von selbst.
Dadurch wird als Nebeneffekt das Gleichgewicht stabilisiert. Die Schrittlänge darf zum sicheren Steigen nicht zu groß gewählt werden. Als Faustregel gilt:
das hintere Ende des vorderen Schneeschuhes wird auf Höhe der Fußspitze des hinteren Beines aufgesetzt. Das Heck des Schneeschuhes schleift ähnlich einem Ski oder einem Pantoffel. Durch das Nachziehen hebt man automatisch die Spitze des Schneeschuhes an.
Dies erleichtert wiederum Aufstieg und Spuren im Tiefschnee. Bei Schneeschuhen mit Beaver-Tail übernimmt dieser die Führung im Schnee. Der Fußballen liegt über der Drehachse der Bindung. Der Snowshoe wird plan auf den Schnee aufgesetzt.
Prinzipiell wird der Schneeschuh von oben in den Schnee gesetzt. Bei Schneeschuhen mit einer fixierten Ferse ist diese Art des Gehens unabdingbar, da in diesem Fall weder ein Abrollen des Fußes noch ein Kippen der Bindung möglich ist.

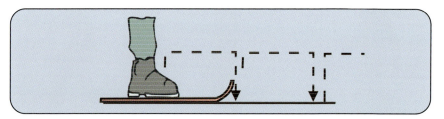

Das ideale Gelände für das Schneeschuhlaufen ohne Stöcke ist flach bis mäßig steil und gewalzt.

4.1.2 Diagonalschritt mit Stöcken

← Beinabstoßphase (li)	Schwungphase Bein (li)
← Armschubphase (re)	Schwungphase Arm (re)
Fersenaufsatz (re)	Schwungphase Bein (re)	Beinabstoßphase (re)
Stockeinsatz (li)	Schwungphase Arm (li)	Armschubphase (li)

Anwendung:
Ebenes bis leicht steigendes Gelände

Die Grundstellung:

Kopfhaltung:
Kopf bleibt in einer Linie mit dem Oberkörper
Blick bleibt zur Bewertung der Geländelinie nach vorne gerichtet.

Schultern:
Locker, somit ist eine weite Bewegung nach vorne und hinten möglich.

Oberkörper:
Aufrecht und in
Mittellage (keine Vorlage).

Hüfte:
Hüftbewegung, nur
minimale Rotation
Kein Einknicken der Hüfte.

Schrittlänge:
Kurzer von oben nach unten gesetzter Schritt mit KSP über dem Standbein. Hinteres Ende des vorderen Schneeschuhes wird auf Höhe der Fußspitze des hinteren Beines aufgesetzt.
Reversible Gehtechnik d. h. der Körper befindet sich in Mittellage, so dass jeder Schritt zurückgenommen werden könnte, ohne umzufallen.

Armbewegung:
Die Armbewegung dient primär zur Stabilisierung, sekundär der Vorschub-Funktion.

Stockarbeit:
Der Stock wird im spitzen Winkel ca. auf Höhe der Ferse gleichzeitig mit dieser aufgesetzt.

Grifftechnik:
Kurz vor dem Bodenkontakt der Stockspitze wird die Hand geschlossen und der Druck zur Stabilisierung und für den Vorschub über das Schlaufensystem aufgebaut. Am Ende des Stockschubes öffnet sich die Hand.

Fußarbeit:
Fußaufsatz mit dem Bodyheck des Snowshoes. (Abrollen über den Mittelfuß nur bei Snowshoes ohne Bindungsplatte möglich). Der Fußballen liegt über der Drehachse der Bindung. Vom Fuß beginnend erfolgt der Abdruck über Oberschenkel-muskulatur und Hüfte.

4.1.3. Storchengang

Anwendung:
Bei tiefem Einsinken z. B. hohe Neuschneemenge/Tiefer Sulzschnee

Im Neuschnee oder bei tiefem Sulz ist aufgrund der Einsinktiefe der Storchengang anzuwenden. Die Schrittlänge entspricht dem normalen Wandern, lediglich die Beinstellung ist hüftbreit. Im Storchengang werden die Beine soweit angehoben, dass die Schneeschuhspitze deutlich aus dem Schnee heraus kommt. Die Schneeschuhe werden nicht vollständig vom Boden abgehoben, sondern mit dem hinteren Bereich am Boden geschleift wie ein zu großer Pantoffel. (Schlurfen über den Schnee). Am Ende des Vorschrittes wird der Schneeschuh wieder bewusst von oben in den Schnee gesetzt. Man spricht hierbei von „Steigen". Die Stöcke werden normal in Kreuzkoordination zu den Beinen eingesetzt und haben unterstützende Wirkung.

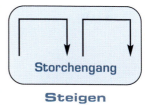

Steigen

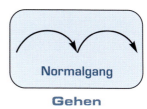

Gehen

4.2. Aufstiegstechniken

Der Duck und der Kick Step sind die Techniken die je nach Steilheit und Verhältnissen beim Aufstieg in Falllinie zur Anwendung kommen.

Beim Duck Step (Synonym: Herringbone-Technik oder Entengang) wird der Körper aufrecht gehalten und mit Blick nach oben mit ausgescherten Schneeschuhen aufgestiegen.
Wird das Gelände für den Duck-Step zu steil so kommt der Kick-Step zur Anwendung, bei dem der Kick aus dem Knie heraus zur besseren Traktion der Harschzacken das wesentliche Bewegungsmerkmal ist. Der Kick Step ist eine Technik die der Frontalzackentechnik beim Steigeisenklettern verwandt ist.

4.2.1. Duck Step

Nicht zu steile Hänge werden in der Falllinie im Entengang (= Duck Step) bestiegen, um sich nicht auf die eigenen Schuhe zu steigen oder mit der Bodyfront im Schnee hängen zu bleiben. Insbesondere bei Neu- und Sulzschnee wird im Duck Step aufgestiegen, wobei die V-Stellung der Füße eine Winkelstellung von 30° bis maximal 60° beträgt. Je steiler die Hänge, desto größer ist der Scherwinkel und desto kleiner sind die Schritte. Bei harten

Schneebedingungen ist wiederum ein festes Setzen erforderlich, damit die Harschzacken greifen. Das Körpergewicht ist über den Schneeschuhen zu zentrieren. Wird das Gelände zu steil, wird in Serpentinen aufgestiegen.

4.2.2. Kick Step (mit Doppelarmzug)

Im harten Schnee erfolgt ein waagrechtes Einschlagen der Schuhe mit den Harschzacken (= Kick Step)

In sehr steilem Gelände wird über kurze Abschnitte im Kick Step mit Doppelarmzug aufgestiegen. Dabei ist das Körpergewicht auf die zwei Stöcke vor dem Körper und einen Schneeschuh verteilt. Durch diese Dreipunkttechnik können kurze und steile Geländeabschnitte sicher überwunden werden. Der Kick kommt bei stabiler Hüfte aus dem Unterschenkel.

Lehrphasen:
1. *Setzen der Stöcke/Kick/Armzug und Beinabdruck*
2. *Gleichzeitiges Setzen der Stöcke u. Beinkick*
3. *Bewegungsfluss*

4.3. Traversentechniken

Die Traversentechniken stellen die praktische Anwendung der Grundtechnik im Gelände und nach Schneebedingungen dar. Da auf Tour häufig hangparallel zu queren ist, haben sich die Techniken

- Traversieren
- Line Step und
- der Line Hill Step herausgebildet.

Beim normalen zweispurigen Traversieren wird auf den talseitigen Stock vermehrt abgestützt, während der bergseitige Stock kaum eine Stützfunktion erfüllt und bei steilen Hängen unterhalb des Griffes mitgeführt wird.

Der Line Step kommt bei großer Einsinktiefe zur Anwendung, da in diesem Fall mit dieser Technik die Spurarbeit erleichtert wird.

Der Line Hill Step ist die zweckmäßigste Technik um während der Querung gleichzeitig an Höhe zu gewinnen.

Die Side Step Techniken gewinnen ihre Bedeutung, wenn kurze Steilstufen zu überwinden sind.
Die vertikale Step Technik ist zwar primär keine Traversentechnik, sie wird jedoch hier angeführt, da sie der Gruppe der Step Techniken zuzuordnen ist und nur angewendet wird, wenn sehr kurze und sehr steile Passagen zu überwinden sind. Daher ist sie keine klassische Aufstiegstechnik und wird hier eingeordnet.

4.3.1. Traversieren (zweispurig)

Bei weichem Schnee erfolgen Querungen normal „**zweispurig**".
Bei Hartschnee erfolgt aktive Zackenarbeit bei planer Lage des Schneeschuhes auf der Schneeoberfläche. Die Harschkralle übernimmt die Fixierung auf dem Schnee. Der talseitige Schneeschuh wird beim talseitigen Ausrutschen des Hecks zum besseren Zackengriff mit der Spitze talseitig ausgeschert. Gleichmäßig flach ansteigende Serpentinen sind am kraftsparendsten.

Zweispurige Traverse (Abb. links)
Talseitiges Ausscheren (Abb. rechts)

4.3.2. Line Step (Traversieren einspurig)

Bei steilen Passagen und tiefem Schnee wird im einspurigen Gang gequert. Ferner findet der Line Step auf Graten und bei vorhandener enger Spur seine Anwendung. Der vordere Schneeschuh wird dabei in der gleichen Achse wie der hintere aufgesetzt (= Line).

Die Stöcke halten die Balance. Der Körperschwerpunkt ist zentral über dem Standbein.

Line-Spurbild

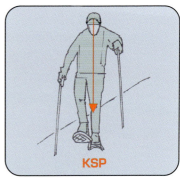

KSP

4.3.3. Line Hill Step

Anwendung:
Querung mit Höhengewinn

Bei Querungen mit Höhengewinn wird der Line Hill Step angewendet. Bei dieser Technik macht das Talbein die Entfernung, indem es auf einer Linie vor das Bergbein gestellt wird (= Line) und das Bergbein macht den Höhengewinn, indem es einen Schritt zum Berg (=Hill) macht.
Die Stöcke dienen zur Unterstützung dieser Grundbewegung. Der Körperschwerpunkt ist in der Balance mittig beim Line Step und wird anschließend mit Stockunterstützung über das neue Standbein (Hill) gebracht.

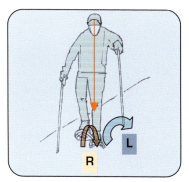
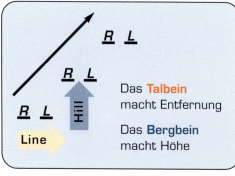

4.3.4. Side Step (vertikal)

Anwendung:
Bei kurzen Steilpassagen

Bei der sog. vertikalen Seitenschritt-Technik wird in einem Treppenschritt seitlich, also im rechten Winkel zum sehr steilen Hang aufgestiegen. Der Körper wird hierbei möglichst aufrecht gehalten und der Schritt kontrolliert gesetzt. Dies ist eine Technik, bei der es meist erforderlich ist, dass der Tourenführer die Stufen so in den Schnee rammt, dass der Schneeschuh nicht mehr abrutschen kann.
Der Hub kommt hauptsächlich aus den Beinen, während die Stöcke der Stabilisierung dienen und neben den Schneeschuhen geführt werden.

4.3.5. Side Step (horizontal)

Bei der horizontalen Seitenschritt-Technik wird in einem Seitstellschritt mit Gesicht zum Hang eine kurze steile Stelle gequert. Der Oberkörper bleibt aufrecht und die Schritte werden bei paralleler Fußstellung mit den Harschzacken gesetzt. Bei harten Bedingungen (Eis/Harsch) wird der sichere Grip der Harschzacken durch einen Unterschenkelkick erreicht. Die Hüfte und der Körper bleiben dabei möglichst ruhig, um ein

Ausbrechen der Zacken im harten Schnee oder Eis zu verhindern. Der Side Step ist ein schrittweises Tasten, bei dem die Stöcke zur Stabilisierung dienen. Bei extrem steilen Gelände und eisigen Verhältnissen ist für eine solche Querung eine Seilsicherung (= Seilgeländer) anzulegen, an dem sich die Tourenteilnehmer festhalten können. Side Steps sind nur geeignet um kurze sehr steile Abschnitte zu überwinden.

Anwendung:
Bei vereisten kurzen Steilpassagen

4.4. Abstiegstechniken

Der Abstieg auf einer Schneeschuhtour kann je nach Gelände, Verhältnissen und Können in drei Techniken erfolgen:

- Abstieg im Diagonalschritt
- Abstieg mit Doppelstockstütz
- Sliden

Während bei leichten Abstiegen der Diagonalschritt zur Anwendung kommt, so erfolgt bei großer Steilheit und harten Verhältnissen der Abstieg mit dem Doppelstockstütz. Die wesentlichen Bewegungsmerkmale hierbei sind:

- Doppelstockeinsatz bei nicht ganz gestreckten Armen vor dem Körper
- Oberkörper nach vorne beugen um viel Gewicht auf die Stöcke zu verlagern
- Standbein beugen und anderes Bein nach vorne unten setzen

Das Sliden ist die Abstiegstechnik bei tiefem Neuschnee oder Sulzschnee und die einzige Snowshoe Technik, bei der eine Gleitphase angestrebt wird.

4.4.1. Abstieg im Diagonalschritt

Anwendung:
Im Abstieg bei flachem Gelände

Der Neigungswinkel des Geländes bestimmt die Bergabtechnik. Bei leicht geneigtem Gelände erfolgt der Abstieg im Diagonalschritt bergab. Hierzu ist folgendes zu beachten:

- Kombination von kleinen Schritten
- Tiefer Körperschwerpunkt
- Die Knie bleiben ständig leicht gebeugt und zeigen leicht nach außen (O-Bein Haltung); dadurch erfolgt die Wegnahme des Drucks unter der Kniescheibe und die Übernahme der Last durch die Oberschenkelmuskulatur
- Das Becken geht leicht nach hinten

4.4. ABSTIEGSTECHNIKEN

- Die Stöcke werden zur maximalen Entlastung aktiv eingesetzt, aber grundsätzlich nicht vor den Körper geführt
- Die Füße ca. schulterbreit, leicht V-förmig
- Die Schrittlänge wird verkürzt; der Körperschwerpunkt liegt zentral über den Beinen.

Po-Bremse (Azz-Slide)   *Jumps*

Anwendung:
Sehr kurze Steilpassagen bei weichem Schnee

Eine funktionelle Sonderform des Absteigens ist das Rutschen auf den Hosenboden über sehr kurze und sehr steile Passagen. Durch den Körperschwerpunkt direkt am Boden gibt diese Sonderform das Gefühl der absoluten Sicherheit und außerdem ist das „Azz-Sliden" sehr kraftsparend. Beachte: Die Schneeschuhe müssen mit der Bodyfront (Harschkralle) aus dem Schnee zeigen. Nicht versuchen mit den Harschkrallen zu bremsen. Die sportliche Form, kurze Steilpassagen im Abstieg zu überwinden, sind Jumps.

Beachte: Mit Schneeschuhen erfolgt die Landung immer beidbeinig, da ansonsten der Druck zu groß wird und Verletzungsgefahr besteht. Bei harten Schneebedingungen sind deshalb Jumps im Abstieg nicht zu empfehlen.

4.4.2. Doppelstockstütz

Anwendung:
Kontrollierter Abstieg bei harten Schneebedingungen in steilem und sehr steilem Gelände

Bei hartem Schnee erfolgt kontrolliertes Absteigen, kein Sliden. Ist das Gelände zu steil für den Diagonalschritt im Abstieg, wird mit dem Doppelstockstütz abgestiegen. Dabei werden die Stöcke gleichzeitig mit einem negativen Einstichwinkel vor dem Körper in stützender Funktion eingesetzt. Über die Stöcke und die Harschzacken des Standbeines kommt es zu einem stabilen Dreipunktkontakt.

Der Schneeschuh wird kontrolliert und in kleinen Schritten gesetzt. Die Stöcke werden vor dem Körper in Höhe der Schneeschuhspitze eingesetzt. Der Oberkörper ist dabei leicht nach vorne geneigt (= Druck auf Harschzacke + Stöcke). Durch die Verteilung des Körpergewichts auf die Fixpunkte Stöcke und Schneeschuh wird ein Höchstmaß an Körperstabilität und Trittsicherheit erreicht. In mäßig steilem Gelände kann man im 1:2 Doppelstockstütz absteigen. In sehr steilem Gelände wird ein Großteil des Körpergewichts auf die Stöcke abgestützt und im Dreierrhythmus (1:3 bergab) wird der Körperschwerpunkt wieder bis zur Stocklängsachse gebracht. Die **Stöcke** haben in allen Abstiegstechniken eine **trittsichernde** und **entlastende Funktion**.

4.4. ABSTIEGSTECHNIKEN

Lehrphasen:
1. Stöcke setzen, dann Schritt setzen – Schritt
2. Stöcke und Schritt gleichzeitig setzen
3. Bewegungsfluss und Bewegungspräzision

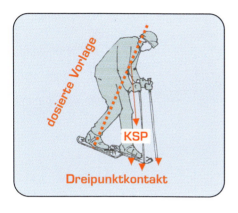

4.4.3. Sliden (= Glide Step)

Anwendung:
Abstieg in Falllinie bei tiefem Neuschnee und bei Sulzschnee/Frühjahrsfirn

Bei weichem Schnee z. B. bei tiefem Neuschnee oder bei Sulzschnee kann im direkten Abstieg die Technik des Slidens (Synonymbegriff: Gliden) angewendet werden. Dies ist die einzige Technik des Snoeshoeing mit einer Gleitphase. Bei Neuschnee lässt man sich mit leichter Rücklage und leicht angewinkelten Knien in die Schneeschuhe fallen, dies ergibt einen Anlauf (Laufschritt) den nötigen Schwung auf, um dann in leichter Rücklage ins Sliden zu kommen.

Sprung- Knie- und Hüftgelenk bleiben stets bewegungs- und aktionsbereit. Auf keinen Fall sollte mit durchgestreckten Knien entgegengestemmt werden. Bei günstigen Slide- Schneeverhältnissen (z. B. Frühjahrssulzschnee) sind längere Gleitphasen möglich. Dann empfiehlt es sich, eine leichte Schrittstellung mit leichter Rücklage zu halten und das Gleiten durch Doppelstockschübe zu unterstützen.

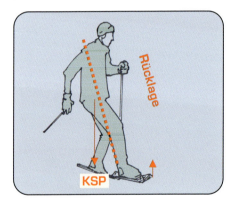

4.5. Richtungsänderungen

Im Auf- wie im Abstieg erfolgt durch das Bogengehen eine Richtungsänderung so lange wie möglich im Diagonalschritt. Wenn das Gelände für diese Form der Richtungsänderung zu steil wird, so tritt man um. Das Umtreten kann sowohl bergwärts als auch talwärts erfolgen, wobei das Umtreten, wie im Folgenden dargestellt, talwärts aufgrund der höheren Traktion der Harscheisen die sicherere Variante ist.

4.5. RICHTUNGSÄNDERUNGEN

4.5.1. Bogengehen

Anwendung:
Im flachem Aufstieg

Bogengehen ist die grundsätzliche Form, Kurven im Aufstieg zu meistern. Dabei handelt es sich im Kern um einen Diagonalschritt bei dem das bogenäußere Spielbein etwas anders geführt wird:
Aus dem Diagonalschritt muss der bogenäußere Snowshoe bereits beim Anheben mit dem Bodyende leicht ausgewinkelt werden.
Im Diagonalschritt-Rhythmus wird beim anschließenden Vorschritt die Bodyspitze nach innen geführt.
Der Innensnowshoe wie der Außenschuh müssen nach Abdruck in Bogenrichtung gedreht werden. Die Armarbeit erfolgt weiterhin wie beim Diagonalschritt.

Bogengehen-Spurbild

4.5.2. Umtreten (talwärts)

Anwendung:
Bei kurzen Steilpassagen

Ist ein Bogengehen aufgrund der Steilheit nicht mehr möglich, erfolgt die Richtungsänderung zur nächsten Querung durch ein Umtreten talwärts. Hierzu wird aus dem sicheren parallelen Stand in vier Schritten talwärts umgetreten, um in die neue Richtung zu kommen. Die Stöcke dienen dabei zur Stabilisierung und zur subjektiven Sicherheit.

Durch das talseitige Umtreten wird die Harschzacke optimal durch das Körpergewicht in den Schnee gedrückt, um ein ungewolltes Abrutschen dadurch zu verhindern. Die Stöcke werden zur Stabilisierung gesetzt.

4.6. Sonderformen

Der 1:2 Schritt ist eine Sonderform des Snowshoeing, die oft bei steileren Passagen Anwendung findet, um mehr Vorschub als beim diagonalen Einsatz der Stöcke zu bekommen. Des weiteren wird diese Technik zum Überwinden von Geländestufen angewendet und ist außerdem häufig bei Gebirgsrennen bei großer Steilheit zu beobachten.
Der Pendelschritt hat insgesamt eine untergeordnete Anwendung. Er wird auf Tour meist nur zum Technikwechsel vom Diagonalschritt zum Doppelstockschub des 1:2 Schrittes verwendet.
Innerhalb der Ausbildung kann der Pendelschritt immer wieder zur Verbesserung der Koordination benutzt werden.

4.6.1. 1:2 Schritt = Doppelstockschubtechnik

Armschwungphase Beinschwungphase (li)	Armzugphase		Armschubphase
	←————	Beinabstoßphase (li)	————→
Beinabstoßphase (re)	←————	Beinschwungphase (re)	————→

Anwendung:
Im Anstieg

- Nachvorneführen beider Stöcke im Bewegungsrhythmus
- Gleichzeitiges Aufsetzen beider Stöcke und des Schwungbeines
- Gleichzeitiger Stockeinsatz beider Stöcke mit spitzen Stockeinstichwinkel
- Armzug bis Hüfthöhe bei gleichzeitigem Beinabdruck und Nachvorne-führen des anderen Beines
- Ab der Hüfte kräftiger Armschub bis zur Armstreckung bei gleichzeitigem Fortsetzen des Beinabdrucks
- Öffnen der Hände auf Hüfthöhe
- Druck ab Hüfte über die Stockschlaufen

4.6.2. Pendelschritt

Anwendung:
Beim Technikwechsel

- Beinabstoß- und Stockeinsatz des Nichtpendelarmes wie beim Diagonalschritt
- verzögerter Armschwung (einseitig) aus dem Diagonalschritt
- Stockeinsatz des Pendelarmes beim drittten Diagonalschrittzyklus

Klassischer Wechsel: verzögerter Armschwung nach vorne – der andere Arm schwingt nach Stockeinsatz nach vorne – dann erfolgt der Doppelstockschub

4.7. Runningtechniken

Das wesentliche Bewegungsmerkmal der Running- und Racingtechniken ist die FLUGPHASE. Durch erhöhte Bewegungsdynamik verlassen die Schneeschuhe den Untergrund und es entsteht ähnlich wie beim Laufen zu Fuß eine Flugphase.
Die Running und Racingtechniken sind eindeutig dem Sportbereich zuzuordnen und finden Anwendung in Training und Wettkampf.

4.7.1. Running ohne Stöcke (Diagonallaufschritt ohne Stöcke)

Anwendung:
Trainingsform mit hoher Intensität

Die optimale Lauftechnik ist aus sportwissenschaftlicher Sicht die Technik der Lehrbücher. Es geht beim Running ohne Stöcke als Trainingsform darum, den Oberschenkel annähernd in eine Waagrechte zu bringen, um somit den Kniehub und als Folge davon den langen Schritt herauszubilden und auch die dafür erforderliche Muskulatur zu trainieren. Das hintere Bein ist in der Abstoßphase annähernd in die Streckung zu bringen. Die Streckung muss aber vor einem Fallen in das Hohlkreuz beendet werden, da ein Hohlkreuz wiederum den Kniehub limitiert.

Der Bewegungsablauf vom stocklosen Snowshoe Running entspricht im Grunde dem Diagonalschritt. Mit erhöhter Dynamik erfolgt der Beinabstoß so intensiv, dass es zu einer Flugphase kommt. Bei jedem Beinabstoß ist dabei der gesamte Körper in der Luft.

Nach der Flugphase erfolgt der Fußaufsatz mit leicht gebeugtem Knie, so

dass eine Vorspannung im Oberschenkel entsteht und der nächste dynamische Beinabstoß erfolgt. Eine leichte Körpervorlage wird beibehalten.
Zum Kontaktzeitpunkt wird das Schwungbein aus einer leichten Pendelbewegung der Hüfte aktiv nach unten und weiter nach hinten durchgezogen.
Die Kreuzkoordination der Arme und Beine bleibt vorhanden.
Die Gegenrotation von Schulter- und Hüftachse wird aufgrund der höheren Dynamik deutlich.
Diese Technikform ist ein Cardio-Training mit hoher Intensität.

4.7.2. Running mit Stöcken (Diagonallaufschritt mit Stöcken)

Beinabstoßphase (re)	Schwungphase Bein (re)	
Armabstoßphase (li)	Schwungphase Arm (li)	
Schwungphase Bein (li)	Beinabstoßphase (li)	Flugphase
Schwungphase Arm (re)	Armabstoßphase (re)	

Anwendung:

Trainingsform mit hoher Intensität

Der Bewegungsablauf von Snowshoe Jogging entspricht im Grunde dem Diagonalschritt mit Stöcken. Mit erhöhter Dynamik erfolgt der Arm- und Beinabstoß so intensiv, dass es zu einer Flugphase kommt.

Bei jedem Beinabstoß und Armschub ist dabei der gesamte Körper in der Luft. Diese Technikform ist ein Cardio-Training mit hoher Intensität.

Nach der Flugphase erfolgt der Fußaufsatz mit leicht gebeugtem Knie, so dass eine Vorspannung im Oberschenkel entsteht und der dynamische Beinabstoß in Kombination mit dem diagonalen Armabstoß erfolgt. Eine leichte Körpervorlage wird beibehalten und bildet eine Linie mit dem Abstoßbein.

Zum Kontaktzeitpunkt wird das Schwungbein aus einer Art Pendelbewegung der Hüfte aktiv nach unten und weiter nach hinten durchgezogen. Die Kreuzkoordination bleibt bestimmendes Technikmerkmal.
Die Gegenrotation von Schulter- und Hüftachse wird aufgrund der höheren Dynamik deutlich.
In der intensivsten Form des Nordic Jogging ist der Abstoß so dynamisch, dass sich eine lange Flugphase ergibt, die das Snowshoe Jumping im Diagonalschritt einleitet.

4.7.3. Running (Laufschritt mit Doppelstockunterstützung)

Anwendung:

Trainingsform mit hoher Intensität

Der Bewegungsablauf von Nordic Snowshoe Jogging entspricht im Grunde der 1:2 Technik. Allerdings wird statt des Gehens gelaufen: es handelt sich daher um die Kombination des Laufschrittes mit dem Doppelstockschub.

Aufgrund des Laufschrittes erfolgen von Armzug- bis Armzugphase vier Schritte oder bei Seitenwechsel drei Schritte. Somit ergibt sich der 1:4 oder 1:3 Schritt. Nach jedem vierten/dritten Schritt wird ein Doppelstockschub eingesetzt.
Der Doppelstockschub bleibt bestimmendes Technikmerkmal.
Diese Technikform ist ein Cardio-Training mit hoher Intensität.

4.8. Snowshoe Racing ohne Stöcke – mit Stöcken

Anwendung:

Trainingsform mit hoher Intensität und Wettkampf

Zunächst ist beim Snowshoe Racing zwischen optimaler Lauftechnik und optimalen Laufstil zu unterscheiden. Die optimale Lauftechnik ist aus sportwissenschaftlicher Sicht die Technik der Lehrbücher. Der optimale Laufstil ist die individuell ökonomisch adaptierte Form dazu. Wichtig ist nicht, den

4.8. SNOWSHOE RACING

Oberschenkel in eine Waagrechte zu bringen, sondern, diesen grundsätzlich über das Knie nach vorne oben zu ziehen. Die Höhe ist dabei von sekundärer Wichtigkeit.

Beim Snowshoe Racing handelt es sich um Wettkampfformen. Die Austragung von Snowshoeing Wettkämpfen findet zum einen auf gewalzten Pisten, sog. Tracks statt, zum anderen im alpinen Gelände. Nach dem jeweiligen Wettkampfgelände richtet sich dann auch die Entscheidung, ob mit Stöcken oder ohne Stöcke gelaufen wird. Beim Racing auf Snowshoe Tracks im ebenen und kupierten Gelände findet kein Stockeinsatz mehr statt, da die Arme in hohen Geschwindigkeitsbereichen und bei hoher Schrittfrequenz keine wirksame Arbeit mehr leisten können. Bei alpinen Snowshoe Racings hingegen sind die Stöcke unabdingbar.

Bei der Racingtechnik in der Ebene und bergauf erfolgt eine Körpervorlage. Bei hohem Tempo bergab ist die Rücklage von entscheidender Bedeutung, um den Grip der Harschzacke beim Aufsetzen des Fußes auszuschalten. Nach der Flugphase erfolgt der Fußaufsatz mit leicht gebeugtem Knie, so dass eine Vorspannung im Oberschenkel entsteht und der dynamische Beinabstoß in Kombination mit den diagonalen Armabstoß erfolgt.

5. Technik entwickeln

Für das Entwickeln einer konditionierten, situativ abrufbaren Snowshoeing Technik ist es unabdingbar, mit Einzelübungen zunächst die Gewöhnung an dieses Sportgerät voranzutreiben, um im anschließenden Schritt die Gleichgewichtsfähigkeit zu erhöhen. Hierzu sind dem Übungspool kaum Grenzen gesetzt und das nachfolgende Angebot ist eine Auswahl bewährter Übungen und Spiele aus dem Schneeschuhbereich, die darauf abzielen die grundlegenden Technikelemente herauszubilden.

5.1 Technische Grundlagen

Richtig

- Aufrechter Oberkörper
- Blick voraus
- Arm- und Beinbewegung in Kreuzkoordination
- Knie leicht gebeugt (aktionsbereit)
- Kleine Schritte (reversible Technik)
- Leicht breitbeiniger Wiegetritt

Mit dem Snowshoeing ist auch dem „Nicht-Skiwanderer" oder „Nicht-Tourengeher" die Natur fernab von Loipen und Menschenmassen erschlossen. Das Naturerlebnis der Winterlandschaft steht hierbei im Vordergrund. Der Schritt ist insgesamt kurz, breitbeinig und der Diagonalschritt ist mit Ausnahme von kurzen Steilpassagen die dominierende Technikform. Die Stöcke dienen primär der Stabilisierung und sekundär im Aufstieg dem Vorschub und im Abstieg dem Stütz. Außer beim Sliden gibt es keine Gleitphasen. Der Schneeschuh wird kontrolliert gesetzt.

Falsch

■ **Bodenblick**
Der Blick beim Schneeschuhgehen ist grundsätzlich vorauszurichten, um eine vorausschauende Spuranlage sicherzustellen.

■ **Pendelbewegung der Arme vor dem Körper**
Die Arme werden zu weit nach innen geführt, dadurch ist die Energieübertragung vermindert. Eine unruhige Oberkörperlage mit Schlängelbewegung der Arme ist die Folge.

■ **Arm zu weit außen**
Arme werden zu weit seitlich vom Körper geführt.

■ **Sitzgang**
Kraftraubende Sitzposition – KSP zu weit hinten, dadurch erfolgt ein wippender und in Folge instabiler Gang.

■ **Passgang**
Kein Diagonalschritt! Arme und Beine werden auf der gleichen Seite nach vorne bewegt.

5.2. Allgemeine Tipps

Richtig

- Risikomanagement on Tour
- Spurwahl
- Richtungsänderungen durch Bogengehen oder Umtreten talseitig
- Umweltgerechtes Verhalten
- Leichte Rücklage bergab
- Snowshoe plan setzen – und steigen

Schneeschuhtourengeher auf alpinen Touren sind den Gefahren der Berge ausgesetzt. Eine Basisanwendung einer Entscheidungsstrategie in der Planung und auf Tour ist daher unerlässlich.

Das Wissen um Grundsatzverhaltensmaßnahmen und die empfohlenen Limits im Gelände bei subalpinen und alpinen Touren sind ein Gebot der Sorgfalt.

Falsch

Drehbewegungen
Aufgrund des Zacken- und Spikegrips ist der Schneeschuh am Boden fixiert. Große Drehbewegungen sind daher zu vermeiden, da ein seitliches Rutschen nicht möglich ist und es so zu Knieverletzungen kommen kann.

Vorlage Bergab
Aufgrund des Zackengrips bleiben bei zuviel Vorlage die Schneeschuhe im Schnee hängen und man kann vornüber stürzen.

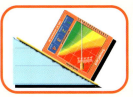

Alpine Touren bei Lawinengefahr
Bei alpinen Schneeschuhtouren ist die aktuelle Lawinensituation zu berücksichtigen. Dabei gilt der Grundsatz: **Im Zweifelsfalle nie!!!**

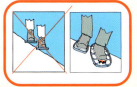

Kanten statt Zackengriff
Der Schneeschuh hat keine greifenden Kanten, daher ist mit Zackengriff zu arbeiten.
Besseren Frontalzackengrip gewährleistet die talseitige Ausrichtung des Talsnowshoes.

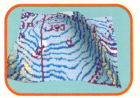

Frontalanstiege, -abstiege über 30°
Querungen über 20° Hangneigung
Frontalanstiege mit einer Steilheit über 30° sind zu vermeiden, insbesondere dann, wenn über diese Steilheit wieder abgestiegen werden muss!!
Bei Querungen in einer Steilheit über 20° besteht die Gefahr des seitlichen Abrutschens.

5.3. Dehnen

Dehnen (= Stretchen) bewirkt kurzfristige, mittel- und langfristige Effekte. Muskuläre Dysbalancen und Verkürzungen sollten jedoch nicht allein durch Dehnen der betroffenen Muskeln korrigiert werden, sondern auch mit einer gezielten Kräftigung der Gegenspieler. Aus diesem Grund wird auch zwischen passivem und aktivem Stretching unterschieden.

Passiv-Stretching	Aktiv-Stretching
– Gehaltene Dehnung oder Dauerdehnung (nach Bob Andersen) Anwendung: Nach dem Training Zeit: 10–60 Sek. **– Anspannungs-Entspannungs-Stretching** (CR-Methode = Contact-Relax Stretching) Anwendung: Nach dem Training Anspannen des zu dehnenden Muskels 3–10 Sek.) Dehnung selbst 10–60 Sek. **– Partnerdynamisches Dehnen** (Passiv dynamisches Dehnen) Anwendung: Nur von Therapeuten und Sportwissenschaftlern	**– Stretchen mit Anspannung des Antagonisten** (AC-Methode = Antagonist – Contract) Anwendung: Nach dem Training 10–60 Sek. Anspannen vor und während der Dehnung z.B. Oberschenkelvorderseite anspannen, wenn die Rückseite gedehnt wird. **– Bewegt-statisches Dehnen** Anwendung: Vor und nach dem Training 3–4 mal a 5–10 Sek. / Dehnposition nach 5–10 Sek. verändern bzw. verstärken **– Aktiv-dynamisches Dehnen** Rhythmisch imitierendes Dehnen (früher „Zerrgymnastik") Anwendung: Vor dem Training / 5–15 mal

Die wichtigste Komponente für die Verbesserung der Beweglichkeit ist die Dehnungsspannung, die man während der Dehnung zu tolerieren bereit ist. Regelmäßiges Stretching verbessert die Beweglichkeit, wobei der Reiz überschwellig sein sollte. Wenn die Beweglichkeit beibehalten werden sollte, genügt oft ein Kurzprogramm, wenn jedoch die Bewegungsamplitude vergrößert werden soll, so muss Dauer und Intensität der Übung verstärkt werden. Gedehnte Muskeln verbessern die Gesamtkoordination beim Snowshoeing. Beim Dehnen wie bei Kraft- und Ausdauerfähigkeiten gibt es zwar genetische Anlagen, ein Dehnen aber zeigt in jedem Alter Wirkung und ist stets beweglichkeitsfördernd.

Langsame Dehnbewegungen; Dehnposition 20–30 Sek. halten; alle Dehnungen beidseitig /Nachdehnen

Rückseite Oberschenkel:
Einen Schneeschuh mit dem Bodyheck im Schnee aufstellen und Oberkörper bis zur Dehnposition Richtung Knie beugen

Dehnen der Adduktoren:
Unter Abstützen auf den Stöcken beide Beine nach außen schieben. Oberkörper möglichst aufrecht. Füße mit Spitzen nach außen oder als Variante parallel

Vorderseite Oberschenkel:
Aus dem Einbeinkniestand ein Bein nach hinten anwinkeln und mit der Hand zum Gesäß ziehen, dabei dient der Stock als Gleichgewichtsstütze

5.3. DEHNEN

Brust und Armmuskulatur:
Stöcke seitlich setzen und leicht nach vorne gehen, oder als Variante die Arme nach hinten und unten bewegen

Seitliche Rumpfmuskulatur:
Stöcke an den Enden fassen und Oberkörper schräg nach oben ziehen. Hüfte bleibt fixiert; Beine leicht gebeugt; Gesäß angespannt (Keine extreme Seitbeuge!)

Deltamuskel/seitlicher Sägemuskel/Brustmuskel:
Stöcke als Stütze verwenden und bei gespreizten gestreckten Beinen und rechtwinklig in der Hüfte gebeugtem Oberkörper diesen bis zur gewünschten Dehnung nach unten drücken

Hinterer Oberschenkel/Wade:
Rumpfbeuge nach vorn mit gebeugtem Bein. Dabei wird ein Bein nach vorne gestreckt und das andere Bein gebeugt; anschließend mit dem Oberkörper tief gehen

Hüftbeuger:
Nach einem weiten Ausfallschritt das Becken langsam nach vorn und unten drücken. Die Stöcke dienen als Stütze. Anschließend Hüfte nach vorne schieben und kurz verharren. Hinteres Knie zeigt gebeugt Richtung Boden, das Gesicht nach vorne

5.4. Mobilisieren

Unter Mobilisieren versteht man aktive und passive Übungen für Muskeln und Gelenke mit dem Ziel der Verbesserung der Beweglichkeit und einer beschleunigten Regeneration.

Erweiterung der Bewegungsspielräume der Gelenke (meist mehrgelenkig). Kontrolliert geführte Bewegungen

Mobilisation der Wirbelsäule:
Wirbelsäule mit Partnerunterstützung zu beiden Seiten mobilisieren

Mobilisation Hüftgelenk:
Im aufrechten Einbeinstand mit einer Hand auf den Stöcken abstützen, mit der anderen Hand das Knie des Spielbeines umfassen und zur Brust ziehen

Mobilisation Hüft- und Kniegelenk:
Aufrechter Einbeinstand mit Stockstütz, die andere Hand zieht mit den Schneeschuh das Spielbein Richtung Gesäß. Bauch und Gesäßmuskulatur leicht anspannen

Mobilisation Hüft- und Kniegelenk:
Aus dem Einbeinkniestand ein Bein nach hinten anwinkeln und mit der Hand zum Gesäß ziehen, dabei dient der Stock als Gleichgewichtsstütze anschließend Hüfte nach vorne unten schieben

Mobilisieren des Oberkörpers:
Stöcke auf die Schultern legen. Oberkörper abwechselnd sanft von links nach rechts. Langsam steigern. Unterstützender Atemrhythmus. Knie leicht gebeugt, leichte Bauch- /Gesäßspannung. Steigerung: Kopf schaut nach vorne.

Mobilisation der Wirbelsäule:
Oberes Rumpfdrehen: Die Hüfte ist fest und blockiert durch Grätschstellung mit leicht gebeugten Beinen. Der Kopf bleibt fixiert, die Wirbelsäule dreht mit Stockunterstützung zwischen den fixierten Kopf und Hüfte

Mobilisation des Schulter-gürtels:
Erweiterung des Bewegungsspielraumes des Schultergelenks

Mobilisation des Schultergürtels:
Erweiterung des Bewegungsspielraumes des Schultergelenks durch Partnerziehen. (Keine Überstreckung des Rumpfes nach hinten!)

5.5. Kräftigen

Kräftigen ist die Aktivierung von Muskeln, bzw. Muskelgruppen, die nach der trainingsmethodischen Zielstellung extra definiert sind. Vernachlässigte und degenerierte Muskelgruppen können durch gezielte Übungen aufgebaut werden.

Achte auf exakte Ausführung; bei Partnerübungen nur vorsichtige Druckgabe – 15–30 Wiederholungen

Seitliche Gesäß- und äußere Oberschenkelmuskulatur:
Breitbeiniger und gerader Stand; Knie leicht gebeugt und die Stöcke als Stütze nützen. Abspreizen eines Beines; Steigerung: Leichtes Wippen

Gesäßmuskulatur: dynamisch
Stöcke vor den Körper abstützen. Angewinkeltes Bein nach hinten hochheben. Wiederholungen leicht federnd ausführen. Standbein nicht ganz durchstrecken. Übungsname: Apfel statt Birne

Oberschenkelmuskulatur: dynamisch/statisch
Stöcke quer hinter das Gesäß halten und anschließend bei aufrechtem Oberkörper einen tiefen Schritt machen

Gesamtkörpermuskulatur mit Schwerpunkt gerade Bauchmuskulatur/Oberschenkelstrecker:
Aus der Körperspannung ein Bein zur Waagrechten bringen

Allgemeine Körperkräftigung:
Füße schulterbreit und parallel. Stöcke mit gestreckten Armen vor der Brust halten. In die Knie gehen indem das Gesäß nach hinten geschoben und die Bein gebeugt werden

Gesamtmuskulatur/Körperspannung/Wadenmuskulatur:
Stöcke schräg vor den Körper setzen. Anschließend langsam bei maximaler Bauch- und Gesäßmuskelanspannung auf die Zehenspitzen gehen. Ellbogen leicht nach außen

Waden/Hüftbeuger:
Aus dem Einbeinstand mit Gleichgewichtsstütz der Arme in den Zehenballenstand (wippen möglich) und anschl. Spielbein mit gebeugtem Knie auf Hüfthöhe heben und halten

Oberarmmuskulatur:
Gegen den Widerstand des Partners werden die Arme im Ellbogengelenk gebeugt und in Richtung Körper gezogen.
Übungsname: BizepsCurls
Variante: Gegen den Widerstand nach unten drücken

5.6. Übungspool

Blindes Gehen mit verschränkten Händen:
Kontrolliertes Gehen ohne Stockstütz und mit geschlossenen Augen (Partner kann dirigieren)
Ziel: Sensomotorik/Erfühlen reversibler Gehtechnik.
„In sich hineinfühlen"

Tausendfüßler:
Gehen im Gruppenrahmen unter wechselnden Bedingungen (gebeugt/überstreckt/Zeitlupe/schnell ...)
Ziel: Rhythmisierung/KSP/Schritte sicheres Schrittsetzen/„reversibles Gehen"

Seilflucht:
Aus dem Stand soll ein weit geschwungenes Seil unterlaufen werden. Alternativ vor dem Seil weglaufen.
Dynamisches Antreten mit Snowshoes
Ziel: Rutschfreier Zackengrip

5.6. ÜBUNGSPOOL

Seilspringen:
Seilspringen mit Schneeschuhen ohne Stockunterstützung
Ziel: Herausarbeiten der Körpermittellage

Anstellen der Ferse:
Im Abstieg den Schneeschuh so nach vorne führen, dass die Harschzacke nicht greift und die Ferse gespürt wird (= Anstellen) Ziel: Erfühlen der richtigen Rücklage im Abstieg/Sensomotorik

Selbstumarmung:
Gehen im Gleichgewicht. Durch die Selbstumarmung wird die Körperbalance erzwungen, hoher Kniehub wirkt erschwerend
Ziel: Sensomotorik / Erfühlen der Körpermitte / KSP/Balance

Standwaage:
Standwaage zunächst mit Stockunterstützung danach die Stöcke vom Boden abgehoben und als letzte Stufe ohne Stöcke mit geschlossenen Augen
Ziel: Balance/Spiel mit dem KSP

Sirtaki:
Überkreuzschritte zur Seite mit und ohne Stockunterstützung zur Festigung der reversiblen Gehtechnik/ KSP Kontrolle
Ziel: Kontrolliertes Setzen der Schritte/Steigen/ Balance

Einzelübungen am Ort zur Gleichgewichtsschulung:
- Skippings am Ort (Tempovariation von Zeitlupe bis high speed)
- Wedelsprünge
- Umsteigesprünge mit und ohne Stockunterstützung
- Ausfallschritt mit und ohne Stockunterstützung
- Telemarksprünge mit und ohne Stockunterstützung
- Umtreten um die Schneeschuhspitzen und um das Schneeschuhheck
- Zahlen oder Buchstaben in die Luft schreiben: – mit Stock – mit Schneeschuh (ohne und mit Stockunterstützung)
- Einen Gegenstand (Reepschnur/Handschuh) auf dem Kopf von A nach B tragen

Einzelübungen aus der Bewegung zur Gleichgewichtsschulung:
- Übersteigen von Gegenständen (z. B. Rucksack/Stöcke/Seil . . .) mit und ohne Stockunterstützung
- Gehen mit kleinen und großen Schritten
- Achtergang mit Temposteigerung bis zum Achterlauf (mit Stöcken und ohne Stöcke)
- Gehen und Spurbreiten verkleinern und vergrößern
- Im Wiegeschritt entlang eines am Boden liegendes Seiles gehen ohne dies zu berühren (= gezieltes Schrittsetzen)
- Hüpfen mit Anhocken (mit und ohne Stockunterstützung)
- Auf Kommando versteinern in der Bewegung
- Schattengang (Partner bewegt sich und der Hintermann imitiert seine Bewegungen wie ein Schatten)
- Hüpfen mit geschlossenen Augen
- In Telemark-Schrittstellung und gehobener Schneeschuhspitze schieben im Doppelstockschub

Partnerübungen zur Gleichgewichtsschulung:
- Schattengang (Partner bewegt sich und der Hintermann imitiert seine Bewegungen wie ein Schatten)
- Nebeneinander gehen und dabei einen Gegenstand hin- und herreichen
- Nebeneinander gehen und dabei einen Gegenstand an den Hüften einklemmen und versuchen diesen möglichst weit zu transportieren
- Paarweise hintereinander gehen und die Stöcke dabei auf die Schultern

legen- Versuchen eine möglichst lange Strecke zurückzulegen ohne dass die Stöcke von den Schultern fallen
- Gruppenübungen zur Gleichgewichtsschulung und Technikverbesserung:
- Gehen von Schlangenlinien, Kreisen, Spiralen, Rechtecken im Gruppenrahmen (Gruppenzusammenhalt durch Fassen an den Schultern oder an den Stöcken)
- Schlange gehen mit geschlossenen Augen nur der erste Mann hat die Augen offen und informiert über die Strecke und deren Besonderheiten. (Geländeunebenheiten/Hindernisse/ . . .)
- Gruppenbändertanz – Ein Snowshoer bildet einen Kreismittelpunkt und hält die Enden von Reepschnüren über seinen Kopf – an den anderen Enden der Reepschnüre hält sich ein Snowshoer fest und bewegt sich, dabei geht jeder Zweite in die entgegengesetzte Richtung. Treffen zwei Snowshoer aufeinander, muss einer unter der Schnur des Anderen durch, solange, bis ein Flechtwerk entsteht

Kreisel:
Ein Bein vom Boden heben/Ober- und Unterschenkel im rechten Winkel; Standbein leicht im Kniegelenk gebeugt.
Ausführen von zunächst Kreis-, dann Achterbewegungen mit Fuß- und Kniegelenk
Schulungsschwerpunkt: Aufwärmen der unteren Extremitäten

Arm- und Beinpendel:
Stöcke dienen als Gleichgewichtshilfe; Ein Bein schwingt locker vor dem Körper hin und her.
Nächste Stufe: Arme schwingen gegenläufig; Nächste Stufe: Kopf dreht sich gegengleich zu den Armen
Schulungsschwerpunkt: Mentales Aktivieren

Power Haus:
Beine hüftbreit parallel/Arme vor den Körper halten, einen Stock quer halten, Im Wechsel alle Muskeln anspannen und dann wieder loslassen. Prinzip Progressive Muskelentspannung
Schulungsschwerpunkt: Allgemeine Kräftigung

Roboter-Walk
Paarweise frontal gegenüber stellen, im Abstand von ca. 10 m aufstellen (Gassenaufstellung), einer schließt die Augen, der andere dirigiert ihn zu sich hin
Schulungsschwerpunkt: Sensomotorik/ Bewusstes und sicheres Setzen des Snowshoes

Rumpfkreisen:
Füße schulterbreit und parallel stellen. Stöcke liegen auf den Schultern. Abwechselnd eine Stockspitze nach vorne drehen, dabei dreht sich der Oberkörper mit dem Stock mit. Blick und Knie sind immer nach vorne gerichtet, nur der Oberkörper bewegt sich
Schulungsschwerpunkt: Mobilisation der Wirbelsäule

Stockfangen:
Die Gruppe bildet einen Innenstirnkreis, wobei jede Person Richtung Kreismitte schaut und einen Stock senkrecht vor sich stellt. Auf Kommando (rechts oder links) wird der Stock losgelassen und einen Platz nach rechts oder links gewechselt und der Stock des rechten oder linken Mitspielers aufgefangen

Rhythm-Lok:
Die Gruppe stellt sich in Reihe auf und jeder erfasst die Enden der Stöcke des Vordermannes. Nun werden die Stöcke gleichzeitig vor und zurückgeschwungen und so bewegt sich die Gruppe gleichzeitig nach vorne.

Stockstaffel:
Die Teilnehmer bilden zwei Gruppen und stellen sich innerhalb der Gruppe in einer Reihe auf. Vor der Gruppe wird in beliebig wählbaren Abstand ein Stock aufgestellt. Auf Kommando startet der jeweils erste der Gruppe und läuft schnellstmöglich um den Stock herum und zur Gruppe zurück. Mit dem Abschlagen startet der nächste Läufer. Die schnellste Gruppe gewinnt.

Stock-Klau:
Zwei Gruppen stellen sich innerhalb der Gruppe nebeneinander und zur anderen Gruppe gegenüber auf. Abstand ca. 10 m. Jeder steckt seine Stöcke vor sich in den Boden. Auf Kommando versucht nun jede Gruppe, während alle gleichzeitig laufen, soviel Stöcke wie möglich der gegnerischen Gruppe einzeln auf die eigene Seite zu schaffen. Wer nach einer festgesetzten Zeit die meisten Stöcke auf seiner Seite hat, ist der Gewinner. Variante: Erschwerung durch Überspringen oder Unterlaufen eines gespannten Seils.

Drittenabschlagen:
Die Snowshoer bilden einen doppelten Innenstirnkreis, wobei jede Person Richtung Kreismitte schaut. Die einzelnen Paare haben ca. 2 m Zwischenraum voneinander.
Ein Läufer und ein Fänger jagen um den Kreis. Der Läufer kann sich in Sicherheit bringen, wenn er sich vor ein beliebiges Paar stellt. Der letzte Spieler dieser Reihe muss schnell reagieren und fortlaufen, um nicht als überzähliger Dritter abgeschlagen zu werden. Gelingt dem Fänger der Abschlag, bevor der Läufer vor einem Paar steht, so erfolgt der Rollentausch. Der Läufer wird zum Fänger und umgekehrt.

Zweitabschlagen:
Bei geringer Teilnehmerzahl lässt man einen einfachen Innenstirnkreis bilden, so dass jetzt durch das Vorstellen des Läufers der dahinter stehende Zweite laufen muss.

Komm mit – Lauf weg:
Die Snowshoer bilden einen doppelten Innenstirnkreis, wobei jede Person Richtung Kreismitte schaut. Die einzelnen Paare haben ca. 2 m Zwischenraum voneinander.
Ein Läufer geht außen um den Kreis bis er den hinteren Spieler eines Paares abschlägt und laut ruft- „Komm mit"! Daraufhin laufen alle drei um den Kreis. Der Letzte, der am Abschlageplatz ankommt, wird neuer Läufer.
Variante: In der höheren Stufe des Spieles kann der Läufer zwischen „Komm mit!" und „Lauf weg!" wählen. Bei „Lauf weg!" muss das abgeschlagene Paar entgegengesetzt zur Laufrichtung des Läufers versuchen, vor diesem am Abschlageplatz zu sein.

Spiel 14:
Vier Gruppen stehen in vier nummerierten Ecken eines Spielfeldes. Je nach angesagter Zahl wechseln die angesprochenen Teilnehmer/-innen mit wechselnden Bedingungen (Pinguin-Gang/Riese/Überkreuzschritte usw.) die Plätze; z. B. „14" als Kommando bedeutet 1 und 4 wechseln die Ecken.

Gruppen-Sirtaki:
Die Gruppe stellt sich im Innenstirnkreis auf und tanzt mit Übersetzschritten nach links bzw. nach rechts. Der Trainer gibt die Schrittanzahl und den Rhythmus vor.

Obstsalat:
Die Gruppe steht im Innenstirnkreis. Immer gegenüberstehende Teilnehmer/-innen sind eine Frucht, z. B. eine Kirsche/Banane usw.. Auf das Kommando Kirsche wechseln die „Kirschen" ihre Plätze. Die Richtung und die Bedingungen können durch den Trainer vorgegeben werden. Auf das Kommando Obstsalat wechseln alle ihre Plätze

Gruppenjump:
Die Gruppe bildet einen Innenstirnkreis. Aus dem stabilen Stand mit parallelen Snowshoes wird nun mit kurzen Beidbeinsprüngen in Richtung Kreismitte gejumpt, dort erfolgt ein Umtreten und anschließend die Jumps nach außen, dann wieder umtreten und die Ausgangspositionen ist wieder eingenommen.
Varianten: Mit Stöcken/ohne Stöcke/mit geschlossenen Augen/Jump auf Kommando/mit und ohne Festhalten an den Händen ...

5.7. Beispiel „Kids on Snowshoe"

Spiele mit Kindern sind nach dem **DDADA-Prinzip** anzuleiten. DDADA bezeichnet die einzelnen Stufen der Spielanleitung, deren Reihenfolge beim kindgerechten spielerischen Training einzuhalten sind. Ein Trainer/Spielleiter sollte sich die Einzelschritte zur Gewohnheit machen und automatisieren. Die Spielleitung wird dann für ein Kind verständlicher und sicherer, man hat mehr Ruhe und Übersicht für die Feinabstimmung des Spieles und es macht insgesamt mehr Spaß.

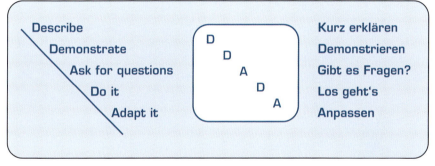

Gewöhnung an das Gerät:
Kontrolliertes Setzen der Tritte, Springen und Laufen mit überdimensionialen Füßen ist anfangs für Kids noch gewöhnungsbedürftig, aber als Indianer geht's besser.
„geht vorwärts langsam/schnell/schleicht"

Trapper on Snowshoe:
Mit dem Gewehr (= Skistöcke) unterwegs im Schnee, anpirschen und überraschen

Stockbiathlon:
Auf Schneeschuhen zum Schießstand. Der Stock als Speer soll durch einen Reifen geworfen werden

Ballbiathlon:
Mit Schneeschuhen im Eiltempo zum Schießstand. Dann erfolgt die Konzentration auf den Treffer!

Schwänzchentreten:
Mit einem Luftballonschwänzchen im Schlepptau muss der frechste der Gruppe vor seinen Jägern flüchten, die seine Ballons zum Platzen bringen müssen

Fun beim Abfahren mit Schneeschuhen:
Abfahrt mit dem Bob, die Schneeschuhe nach oben und ab geht die Post!

Gehen mit wechselnden Bedingungen:
„Geht mit den Schritten eines Riesen/Zwerges/Maus ..."
„Geht wie ein Pinguin (Füße nach außen/Arme nach unten/Hände nach außen)

Luftballonplatzen:
Mit Schneeschuhen eine Luftballonreihe zu zerplatzen ist eine Herausforderung der besonderen Art, die die Sprungkraft trainiert und ein unmittelbares Erfolgserlebnis bietet

Lustige Aufgaben/Gewöhnung an das Gerät:

Zwei Kinder bilden ein Paar. Es sind lustige Aufgaben zu bewältigen, wie gemeinsam einen Luftballon ohne Arme von einem Ort zum anderen zu tragen.
Variation: Einsatz verschiedener Materialen, z.B eines Fahrradschlauchs, der mit je einem Bein fixiert wird und von A nach B transportiert werden muss (mit und ohne Bodenberührung).
Variation: Mit Stöcken, ohne Stöcke und als Wettkampfform möglich

Reise mit dem Zug:

Die Kinder bilden je nach Gruppengröße Züge; sie fassen sich an den Schultern und bewegen sich über Hügel, breite Balancierbalken oder Grate im Gelände.
Variation: Fassen an den Händen oder an den Stöcken

Gemeinsames Aufstehen und Tiefgehen/Traction:

In Dreiergruppen stellen sich die Kinder Schulter an Schulter, mit den Armen untergehakt und mit dem Gesicht nach außen in einen Kreis. Aufgabe: Sie sollen gemeinsam in die Hocke gehen und wieder aufstehen.
Variationen: Aus dem Sitzen zum Stehen, größere und kleinere Gruppen bilden

Gordischer Knoten:

Je nach Gruppengröße zwei Teams bilden. Die Kinder stellen sich im Kreis auf und strecken die Hände zur Mitte, schließen die Augen und fassen nach einer Hand. Augen öffnen und den Knoten lösen, ohne die Hände loszulassen.
Variation: zuerst kleinere Gruppen bilden; gesteuerte Aufgabenstellung, damit das leistungsschwächere Kind die Aufgabe lösen kann; kein Wettkampfcharakter

Flussüberquerung:

Zwei Gruppen sollen von einem Ufer zum anderen gelangen. Jedes Kind hat einen Bierdeckel der einen Stein symbolisiert. Die Kinder in einer Gruppe werfen je nach Könnensstand ihre Steine in das Wasser und sollen trockenen Fußes, also auf die Steine tretend, die andere Uferseite erreichen.

Variation: Nach Könnensstand die „Ufer" annähern oder entfernen; jedes Kind kann mehrere Steine (Bierdeckel) werfen; Verändern der Aufgabenstellung, z. B. die Gruppe muss sich anfassen

Transportstaffel:

Gruppenweise mit den Stöcken etwas tragen oder balancieren wie z. B. einen Ball/Luftballon
Variation: verschiedene Fortbewegungsarten wie Hüpfen, Laufen, mit und ohne Hindernisse

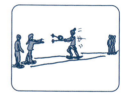

Daumenhahnenkampf:

Alle Spieler/-innen stehen in Linie oder noch besser im Kreis. Damit der Daumenhahnenkampf mit allen gleichzeitig gelingt, geben sie ihren rechten und linken Nachbarn jeweils eine Hand. Die Daumen werden nach oben gestreckt. Der Daumen ist der Hahn. Auf Kommando versucht ein Hahn den anderen zu Boden zu bringen

Popcorn Fangen:
Die Kinder bilden eine Reihe und stehen Schulter an Schulter nebeneinander, aber abwechselnd in der Blickrichtung. 2 Kinder sind POPCORN und bewegen sich frei außerhalb der Reihe. Spieler 1 ist der „Fänger", Spieler 2 der „Gejagte". Fänger und Gejagter können sich während der „Jagd" irgendwo in der Reihe – aber mit derselben Blickrichtung – hinter einen Spieler stellen. Dieser wird sofort selbst zu POPCORN, läuft nach vorne weg und übernimmt die Rolle des Fängers oder die des Gejagten, je nachdem, wer hinter ihm steht.

Variante: Es wird leichter, wenn der Fänger oder der Gejagte dem Spieler in der Reihe beim Dazustellen mit einem deutlichen „LAUF" oder „FANG" eine Starthilfe gibt. Noch einfacher ist das Spiel im Gehen.

6. Pädagogik-Didaktik-Methodik

Wie die moderne Erziehungswissenschaft, geht auch die allgemeine Führungslehre davon aus, dass Führen weitgehend erlernbar ist. Im Snowshoeing versteht sich Führung als eine gemeinsame Handlung von Trainer und Geführten, um ein Ziel gemeinsam zu erreichen. Im Folgenden geht es darum, grundlegende Handlungsempfehlungen für ein erfolgreiches Führen einer Schneeschuhtour zu geben. Diese Handlungsempfehlungen lassen sich strukturell in die drei Kernkompetenzbereiche 1. Soziale Kompetenz, 2. Fachkompetenz und 3. Methodenkompetenz einordnen. Versteht es der Schneeschuhtourenführer, je nach Situation mit diesen Kernkompetenzen angemessen zu jonglieren, so verfügt er über ausreichend Führungskompetenz.

Führungskompetenz

6.1. Soziale Kompetenz

Vom Schneeschuhtourenführer wird ein partnerschaftlicher Umgang mit Menschen erwartet und die Fähigkeit, den persönlichen Bedürfnissen, Wünschen und Zielen auf Tour und in der Ausbildung – besonders in gefährlichen Situationen – gerecht zu werden. Er muss Vertrauen schaffen, das Können der Teilnehmer richtig einschätzen, und auch mit Konfliktsituationen umgehen können. Dieses Basiswissen für die Betreuung einer Gruppe, speziell auf einer alpinen Schneeschuhtour, zeigt sich z. B. im rechtzeitige Erkennen von einzelnen Phänomenen, dem Ziehen daraus resultierender Schlussfolgerungen und dem Ergreifen zweckdienlicher Maßnahmen. Einige Phänomene sind dabei häufig erkennbar:

Das „Stolper-Phänomen"

Ermüdung durch lange Aufstiege und dadurch bedingte schlechtere Gehtechnik, beeinträchtigte Situationswahrnehmung und -beurteilung sowie abnehmende Reaktionsfähigkeit sind die Anzeichen des sogenannten Stolperphänomens, welches sich meist im Abstieg oder auf dem Rückweg zeigt. Für den Snowshoeing Trainer bedeutet dies, im Abstieg genauso konsequent Pausen einzuplanen wie für Aufstiege.

Das „High-Phänomen"

Darunter versteht man das Hochgefühl nach dem ersehnten Gipfelerfolg. Die Folge dieses Phänomens ist, dass die Tour am Gipfel meist gelaufen ist. Im Prinzip gehen diese Snowshoer im Abstieg nur noch hinter sich selbst her. Hier kommt es darauf an, der Lethargie entgegenzuwirken.

Das „Finish-Syndrom"

Dies ist das häufigste Abstiegssyndrom. Man sieht sich schon in der Hütte oder wieder am Auto und wird dabei immer schneller und undisziplinierter. Einer aus der Gruppe fängt meist das Rennen an und plötzlich rennen alle. Ein weiteres Zeichen diese Phänomens ist auch das undisziplinierte Überholen des Vordermannes oder des Tourenführers. Man gewinnt den Eindruck, dass nicht mehr auf ein Ziel zugegangen, sondern als ob vor jemanden davon gelaufen würde.

Ein klares Stopp und die Anweisung, dass niemand den Tourenführer, der das Tempo bestimmt, überholt, ist hier unbedingt von Nöten.

Das Isolations-Phänomen
Dieses Phänomen ist eng mit dem Finish-Syndrom verbunden und trifft den oder die, die beim schnellen Gehen auf der Strecke bleiben. Die Anführer bzw. die Gruppe ist weg und das „zurückgelassene Gruppenmitglied" versucht, mit sich und der Welt unzufrieden, einer vorauseilenden Gruppe hinterher zu kommen.

Risky-Shift-Phänomen
Darunter versteht man die Bereitschaft der Gruppe, höhere Risiken einzugehen.
Bedingt wird dies durch den Gruppenzwang und der Gruppendynamik innerhalb der Gruppe, aber auch durch die Konkurrenz zwischen den Gruppen.

Angst-Phänomene:
Die Angst- oder Stressphänomene sind vielschichtig, dennoch ist es für jeden Tourenführer hilfreich, bestimmte Phänomene zu erkennen und rechtzeitig zu reagieren. Die häufigsten Anzeichen sind hier kurz dargestellt:

- Autoaggression: Der Teilnehmer ist mit sich selbst unzufrieden und beginnt an sich herumzumäkeln
- Fixierung: Der Schüler zeigt immer wieder den gleichen Fehler, z.B. Vorlage beim Sliden
- Regression: Der Schüler nimmt sich zurück, und Nebensächliches rückt in den Vordergrund des Verhaltens, z.B. Fingernägelkauen
- Apathie: Der Teilnehmer zeigt geistige Abwesenheit, er hat sich geistig ausgeklinkt
- Projektion: Eigene Fehler werden in Andere hineinprojeziert
- Identifikation: Der Schüler zeigt die gleichen Verhaltensweisen wie der Ausbilder, da dies ja nicht falsch sein kann
- Verschobene Aggression: Der Teilnehmer kritisiert Andere und sucht nach einem Sündenbock
- Aggression: Tätliches Losgehen auf Gruppenmitglieder.

Folge der Angst- und Stressphänomene bezüglich der Führung von Menschen kann einerseits der ermunternde Zuspruch und bei zu hoher Forderung die Herabsetzung des Forderungslevels sein.

Neben den sozialen alpinen Phänomenen kann es in sog. Zufallsgruppen, was Snowshoeing Gruppen regelmäßig sind, aber auch immer wieder einzelne „Psycho-Phänomene" der Teilnehmer geben, mit denen der Snowshoeing Trainer bzw. Tourenführer oder Ausbilder umzugehen hat. Auch hierbei seien die auffälligsten Typopologien kurz aufgezeigt.

Der Besserwisser: Er ist bemüht, sich in den Mittelpunkt zu stellen um anderen die Schau zu stehlen. Innerhalb der Gruppe ist er jedoch ein Unruheherd, den man durch Sonderaufträge (höhere Aufgaben) oder durch Stellungnahmen der anderen Gruppenmitglieder in den Griff bekommen kann.

Der Positive: Er ist eine auf seinem Wissen und Können ruhende kontrollierte Persönlichkeit. Sie sollte allerdings durch den Trainer nicht ständig in den Vordergrund gestellt werden, weil sonst die Gefahr der Isolation durch die Gruppe besteht und der Tourenführer somit ein neues Problem geschaffen hat.

Der Schüchterne: Der Schüchterne ist der Typ, der Angst hat sich zu blamieren und somit Angst vor Misserfolg hat. Hierbei ist es Aufgabe des Tourenführers ihn zu integrieren, indem er ihn direkt anspricht, zunächst leichte Aufgaben gibt und ihn durch Erfolgserlebnisse animiert, mehr zu leisten.

Der Ausfrager oder Bloßsteller: Dieser Typ zielt darauf ab dem Tourenführer bzw. Trainer zu verunsichern und sich als sog. „Führer-Killer" hervorzutun. Eine Empfehlung diesen Charaktertyp in einer Zufallsgruppe zu integrieren oder zumindest zu neutralisieren, ist das ruhige Anhören seiner Anmerkungen und die Weitergabe der Anmerkungen an die Gruppe. Im Notfall bleibt nur der „Not-Aus-Schalter" des Lächerlichmachens um den Gruppenerfolg nicht auf das Spiel zu setzen.

Zusammenfassung
Der sozial mündige Schneeschuhtrainer zeichnet sich nicht nach dem Prinzip. „Ich: Alleswisser" – „Ihr: Nichtswisser" aus, sondern er lädt seine Teilnehmer dazu ein, die eigenständigen Fähigkeiten zu aktivieren, zu verbessern und ein positives gemeinschaftliches Live-Erlebnis zu ermöglichen. Der Erlebniswert einer Schneeschuhtour wiederum lässt sich in drei Kategorien einteilen.

Erlebniswerte		
Naturerlebnis	**Ich-Erlebnis**	**Gruppenerlebnis**
Unberührte Natur Ruhe Ursprünglichkeit Schnee/Eis versus Verstädterung	Eigene Leistung und Willenskraft	Sympathie Gemeinschaftserlebnis Der Einzelne als Teil der Gemeinschaft und Struktur der Gruppe
Wetter: Auf Du und Du mit der Natur	Den eigenen Körper/ Psyche erleben	Aus einer Zufallsgruppe wird eine Gemeinschaft
„Ein Bild bedeutet mehr als 1000 Worte, eine Erfahrung mehr als 1000 Bilder"	Stillen des Abenteuerdrangs	„Ein Schuft und ein Heiliger werden am Berg gleich"

6.2. Fachkompetenz

Bei dieser Kernbefähigung des Snowshoeing Trainers und Ausbilders geht es darum, das theoretische Fachwissen und das praktische Fachkönnen in der Situation abrufbereit zu haben bzw. als Ausbilder beides so zu vermitteln, dass es für den Lernenden begreifbar wird. Neben der Entwicklung und dem Lehren der technischen Elemente und der Techniken einer Sportart (vgl. hierzu Kapitel 4) kommt beim Nordic Snowshoeing der Fachkompetenz im Bereich Tourenplanung und Tourenführung eine wesentliche Bedeutung zu. Diese Bedeutung steigt mit zunehmender Entfernung zur bestehenden Infrastruktur. Aber das macht ja wiederum den Reiz der Sportart Nordic Snowshoeing aus!

Eine Schneeschuhtour beginnt mit der Planung und hierzu gilt der Grundsatz: „P P P P" = perfect planning prevents from poor performance". Die Planungsgrundsätze sind im Folgenden dargestellt.

6.2.1. Kartenkunde/Orientierung

Für Schneeschuhtouren gehört die richtige Interpretation des Karteninhaltes zum Einmaleins, da man sich auch abseits eingetretener Spuren zurechtfinden muss. Das Kartenlesen ist insbesondere ein wesentlicher Bestandteil einer Tourenplanung und Voraussetzung für das Risikomanagement im Umgang mit der alpinen Gefahr „Lawine". In der Tourenplanung sind die im Lawinenlagebericht erwähnten allgemeinen Hinweise auf Gefahrenstellen in die Karte zu übertragen um dann die notwendigen Folgerungen zu ziehen. Anschaulichkeit und Exaktheit sind die Grundanforderungen an eine Karte. Aus diesem Grund sind für eine Tourenplanung nur topographische Karten mit einer Höhenliniendarstellung sinnvoll. Die Höhenlinien sind die Grundlage der Geländedarstellung, sie ermöglichen die geometrisch genaue Wiedergabe

- der Geländesteilheit
- der Hangrichtung(en)
- der Geländeform(en).

Da Höhenlinien konstruierte Gebilde sind, hat das Höhenlinienbild eine gewisse Abstraktheit. Durch Schummerungen können Geländeteile plastisch hervorgehoben werden.

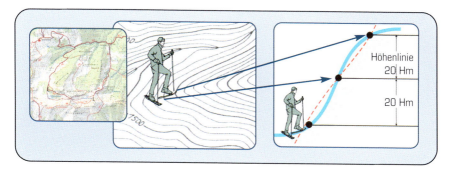

Das Auswerten der Höhenlinien für eine Detailplanung ist unabdingbar. Je steiler das Gelände ist, umso näher rücken die Höhenlinien zusammen.

Sind Höhenlinien nicht mehr erkennbar und Felsschummerungen eingezeichnet, so ist das Gelände in jedem Fall für den Schneeschuhgeher als ungeeignet zu bewerten. Die Höhenlinien insgesamt sind ein Annäherungswert und es gilt zu bedenken, dass das Gelände bei einer S-Struktur (s. Graphik) punktuell steiler ist.

Die Hangsteilheit ergibt sich aus dem Tangens des Neigungswinkels des Geländes (Böschungswinkel), also aus dem Verhältnis von Höhenlinienabstand (=Äquidistanz), d. h. dem vertikalen Abstand der Höhenlinien voreinander, zum horizontalen Höhenlinienabstand. Im Kopf behalten sollte man einige wenige Streckenverhältnisse und die daraus resultierenden Neigungen. Dieses System spiegelt sich in der Behelfsmethode zur Ermittlung der Hangsteilheit am Hang mit den Stockverhältnissen wieder (vgl. hierzu Kapitel Risikomanagement).

Verhältnis von Höhenunterschied zu horizontaler Entfernung	Hangsteilheit
1:1	45°
1:2	27°
1:3	18°

Wesentlich genauer ist das Herausmessen der Hangneigung aus der Karte. Voraussetzung hierfür ist die Kenntnis über den Kartenmaßstab und den Höhenlinienabstand (= Äquidistanz.), d. h. dem vertikalen Abstand der Höhenlinien voneinander. Dieser ist für jede Karte konstant und in der Legende angegeben. Bei topographischen Karten im Maßstab 1:25000 ist die Äquidistanz meist 20 m, die 100 m Höhenschichtlinien sind meist dicker hervorgehoben. Bei den weit verbreiteten Wanderkarten im Maßstab 1:50000 von Kompass und Freytag ist die Äquidistanz 100 m. Bei dieser Äquidistanz ist eine Detailplanung kaum möglich.

Neben der Hangsteilheit verrät die Anordnung der Form der Höhenlinien die Form der Natur, die sog. Geländeform.

Räumliche Vorstellung | Kartendarstellung | Tatsächliche Geländeform

Für die Tourenplanung werden die Alpenvereinskarten empfohlen, da bei diesen Karten neuerdings auch umweltverträgliche Ski- und Schneeschuhtouren eingezeichnet sind.

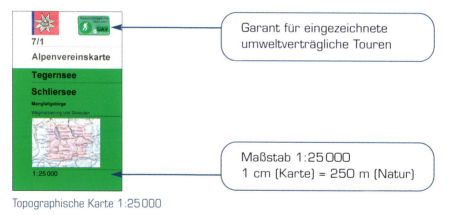

Topographische Karte 1:25000

6.2.2. Tourenplanung/-vorbereitung

Eine gewissenhafte Vorbereitung kann einerseits gefährliche Situationen im Gelände erheblich reduzieren und andererseits ein eventuelles Schadensausmaß minimieren.

Die Tourenplanung beginnt mit dem Zusammentragen und Auswerten aller möglichen Informationen. Diese Informationen wiederum sind das Ergebnis der Kartenauswertung, der Auswertung von Literatur, der Auswertung des Lawinenlageberichtes, des Anwendens einer Entscheidungsstrategie bzgl. des Risikomanagements usw. Ist die geplante Tour aufgrund der Informationsauswertung machbar, gilt es ferner eine Weg-Zeitberechnung zu machen. Dazu wird folgende Formel zur Berechnung einer Schneeschuhtour angeraten, bei der die Informationen der Karte (horizontale Entfernung und Höhenmeter im Auf- und Abstieg) in Zeiten umgerechnet werden:

Zeitberechnung:

Allgemeiner Anhalt für die Marschleistung *(Snowshoer mit 15 kg Gepäck/kurze Pausen und Spurarbeit inkl.)*	Umrechnungs-faktor
1 Stunde für 4 km Entfernung nach Karte ⟷	1,5
1 Stunde für 300 m Höhenmeter im Aufstieg ⬆	2,0
1 Stunde für 500 m Höhenmeter im Abstieg ⬇	1,2

Beispiel:
1500 m ⟷   450 m ⬆   380 m ⬇

$$\frac{1500}{100} \times 1{,}5 = \underline{22{,}5 \text{ min.}} \; + \; \frac{450}{10} \times 2 = \underline{90 \text{ min.}} \; + \; \frac{380}{10} \times 1{,}2 = \underline{45{,}6 \text{ min.}} = 2 \text{ Std. } 37 \text{ min.}$$

Eine weitere wesentliche Vorbereitungsmaßnahme ist die Zusammenstellung des notwendigen Materials für die Tour. Für eine alpine Schneeschuhtour ist ein funktionstüchtiges VS-Gerät (Verschüttetensuch-Gerät) für Jedermann unabdingbar. Eine Lawinenschaufel und eine Lawinensonde sollten das persönliche Material für eine Alpintour komplettieren. Eine wetterfest verpackte Wechselwäsche (mind. Wechselhemd und eine Windbreaker-Schicht) sollte zur Selbstverständlichkeit werden. Als Gruppenausrüstung wird ein Biwaksack empfohlen. Der Tourenführer sollte Orientierungsmittel, Handy und Karte bei sich führen.

> **P-P-P-P-P**
> Perfect planning prevents from poor performance

6.2.3. Tourendurchführung

Die entscheidende Kompetenz der Führungsarbeit ist und bleibt bei aller Vorbereitung die praktische Durchführung der Tour. Hierbei muss der Schneeschuhtourenführer sein Wissen und sein Können zusammenführen, um letztendlich einerseits kritische Situationen zu vermeiden und andererseits beglückende Erlebnisse zu vermitteln. Dies ist eine facettenreiche Aufgabe, bei der viele Aspekte zu beachten sind und die führungstaktische Maßnahmen erfordert.

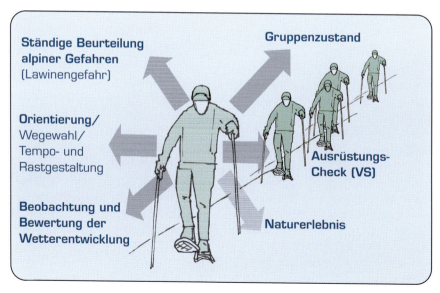

6.2. FACHKOMPETENZ

Ausrüstungscheck

Am Beginn jeder Tour steht die obligatorische Überprüfung der Notfallausrüstung. Dabei wird jedes VS-Gerät (Verschüttetensuch-Gerät) auf Senden und Empfangen überprüft. Der Schneeschuhtourenführer stellt sein Gerät auf Senden. Alle anderen Gruppenmitglieder stellen auf Empfang (=Suchen/kleinste Stufe) und der Tourenführer überprüft jedes einzelne Gerät. Danach legen alle Gruppenmitglieder das Gerät im Sendemodus an. Der Tourenführer stellt sein Gerät auf Empfang. Jedes Tourenmitglied geht nun einzeln am Tourenführer vorbei, der damit die Sendefunktion aller Geräte überprüft. Danach legt auch der Tourenführer sein Gerät im Sendemodus an, und die Tour kann beginnen. Grundsätzlich muss sich das VS-Gerät unter mindestens einer Bekleidungsschicht befinden, um ein Wegreißen bei einem Lawinenabgang möglichst zu verhindern. Findet am Gipfel ein Bekleidungswechsel statt, so ist dieses Procedere auch vor dem Abstieg zu wiederholen.

Gruppenzustand

Da eine Snowshoeing Gruppe meist eine Zufallsgruppe ist, muss der Tourenführer im Verlauf der Tour bemüht sein, die Gruppenmitglieder richtig einzuschätzen. Er sollte einschätzen können, wer in der Gruppe der konditionell Schwächste ist. Der oder die konditionell Schwächsten sollten führungstaktisch niemals am Schluss gehen, da dort das Tempo immer unrhythmisch und unregelmäßig ist. Der technisch Schwächste hingegen bestimmt das technische Schwierigkeitsniveau bezüglich Steilheit usw.. Tipps zur Technik für den Einzelnen werden am besten im bilateralen Pausengespräch gegeben. Meistens gibt es in Bezug zur Gruppenmentalität auch den Hazardierenden und den Übervorsichtigen. Die ausgleichende Wirkung zwischen diesen beiden Polen ist eine besondere Herausforderung für den Tourenführer, da er den einen eher einbremsen und auf mögliche Risiken besinnen muss um eine „Risky shift Stimmung" der Gruppe auszuschalten, und andererseits der Ängstliche zu ermuntern ist, um auch keine übervorsichtige Stimmung zu stärken.

Bewertung alpiner Gefahren

Ein weiteres Augenmerk des Snowshoeing Trainers auf Tour ist die ständige Bewertung sowohl objektiver (= Natur) als auch subjektiver (= Mensch) alpiner Gefahren. Dies bedeutet für die objektive alpine Gefahr „Lawine" die Anwendung einer Entscheidungsstrategie (vgl. hierzu Kapitel 8 „Alpine Gefahren") bei kritischen Stellen on Tour. Konkret bedeutet dies, immer für den nächsten Abschnitt die Lawinensituation zu beurteilen. Diese Beurteilung erfordert regelmäßig führungstaktische Maßnahmen, wie z.B. das Einnehmen von Entlastungsabständen oder das Verbindunghalten in der Gruppe bei Nebel und schlechter Sicht durch Sammel- oder Wartepunkte.

Führungstaktik: Wegewahl am Rücken

Führungstaktik: Entlastungsabstände

Führungstaktik: Sammelpunkte bei Nebel

Bei alpinen Schneeschuhtouren gilt der Grundsatz eine Gruppe geschlossen zu halten; ist dies aufgrund von Entlastungsabständen oder aufgrund der Geländestruktur nicht möglich, so ist die Verbindung von Tourenteilnehmer/-in zu Tourenteilnehmer/-in sicherzustellen. In jedem Fall ist ein Schlussmann einzuteilen, der die klare Aufgabe hat, der letzte Mann der Gruppe zu sein und bei Sammelpunkten immer die Verbindung mit dem Schneeschuhtourenführer aufzunehmen. Bei Technik- oder Ausrüstungsproblemen tritt der Betroffene aus der Spur, so dass die Gruppe weitergehen kann und der Schlussmann ist dann bei der Problembeseitigung hilfreich. Er ist und bleibt in jedem Fall der Schlussmann.

Geländewahl/Tempo- und Rastgestaltung

Eine wesentliche Führungsaufgabe des Snowshoeing Trainers on Tour ist die ständige Orientierung. Das Wissen, wo der eigene Standort in Realität und auf der Karte ist, sowie die Kenntnis der Himmelsrichtung sind Basics für den Tourenführer.

Die Wege- und Spurwahl muss sich primär an der Sicherheit und sekundär an der Bequemlichkeit ausrichten. Dies bedeutet, Gefahrenzonen wie Stein- oder Eisschlagzonen sowie Einzugsbereiche von Lawinen grundsätzlich zu meiden und die Spur soweit möglich flach und in Serpentinen zu legen, so dass ein Bogengehen noch möglich ist. Das Ergebnis der Geländebeurteilung sollte eine Spuranlage sein, die der Lawinensituation, dem Gelände, der Gruppe und der Schneebeschaffenheit angepasst ist. Ungünstige Geländeformen wie Rinnen sollten umgangen und günstige wie Rücken genutzt werden.

Ziel der Tempogestaltung ist eine gleichmäßige und rhythmische Geschwindigkeit. Dies bedeutet, nicht eine konstante Geschwindigkeit, sondern eine konstante Kreislaufbelastung ist durch den Snowshoeing Trainer anzuschlagen.

Für die Pausengestaltung gilt bei unbekannten Zufallsgruppen folgende Regel: Nach ca. 15–20 Minuten ist die erste Rast einzulegen, die primär dazu dienen soll, die Bindung der Schneeschuhe nachzuziehen und zu warme Kleidung abzulegen, nachdem die Tourenteilnehmer ihre Betriebstemperatur erreicht haben. Für den weiteren Verlauf gilt die 50:10-Regel, die besagt, nach 50 Minuten Belastung sind 10 Minuten Rast einzuplanen. Die Rastplätze sollen hierbei objektiv sicher, windgeschützt, naturverträglich und landschaftlich reizvoll sein. Der Führer sollte die Dauer einer Pause bekannt geben und ebenso eine Bekleidungsempfehlung (z. B. „...Windbreaker darüber") aussprechen.

> **50 : 10 Regel**
> Kurze Rast statt langer Pause

Wetterentwicklung

Während der ganzen Tour sollte auf die Wetterentwicklung geachtet werden; eine weitere Führungsaufgabe, die nicht nur den Blick auf das Tourenziel und auf den Weg dorthin, sondern überdies einen Rundumblick des Schneeschuhtourenführers erfordert, um auf Wetterverschlechterungen rechtzeitig zu reagieren.

6.2.4. Führungstaktische Grundregeln (Kurzüberblick)

- Der **LVS-Check ist die Standardmaßnahme** bei bzw. vor jeder alpinen Tour. Das LVS-Gerät wird den ganzen Tourentag am Körper unter der obersten Bekleidungsschicht getragen
- Das Tempo richtet sich immer nach den Langsamsten in der Gruppe
- Die Langsamsten gehen bei guter Spur hinter dem Tourenführer, bei schlechter Spur laufen sie im letzten Drittel der Gruppe und alle „Vordermänner" verbessern die Spur
- Spurarbeit ist nicht ausschließlich Aufgabe des Tourenführers. Die konditionsstärksten übernehmen im Wechsel die Spurarbeit
- Die Spur ist im Auf- und Abstieg möglichst flach anzulegen, d. h. ein Bogengehen im Aufstieg sollte in jedem Fall möglich sein
- Steile und lange direkte Aufstiege sind zu vermeiden. Besser sind gleichmäßig ansteigende Serpentinen zu gehen
- Ein „Schließender" ist für das Ende der Gruppe einzuteilen, dieser muss jederzeit Verbindung zum Führenden haben
- Werden die Abstände zum Vorder- bzw. Hintermann zu groß, so ist anzuhalten und zu sammeln. Ebenso sind bei Nebel und bei Entlastungsabständen gefahrlose Sammelpunkte bekannt zu geben
- Bei schwierigen und unübersichtlichen Abfahrten im Sliden werden Anweisungen gegeben, wie und in welcher Reihenfolge zu Sliden ist
- Bei Gefahrenstellen oder schwierigen Stellen, wie z. B. Schneebrücken über Bäche, Steine in einer Slideabfahrt oder Engstellen, bleibt der Führende vor der Gefahrenstelle und gibt Hinweise und Hilfen
- Rasten werden an geschützten Plätzen gemacht

- Bei längeren Touren ist ein Notfallset mitzuführen:
  Verbandspäckchen, Tape, Rettungsfolie,
  Schmerztabletten und Desinfektionsmittel
- Bei längeren Touren ist ein Rucksack,
  u. a. Wechselwäsche in einer Plastiktüte verpackt,
  mitzuführen.

First aid package

Dieses Kapitel stellt nur einen Auszug aus dem Fachkompetenzbereich eines Tourenführers dar, bietet aber essentielle Facetten für ein Orientierungsgerüst für den Neueinsteiger in dieses Metier. Erfahrungen muss jeder selbst sammeln, mit mehr Wissen ist es nur einfacher.

6.3. Methodenkompetenz

6.3.1. Lerntypen

Die Methodenkompetenz beschäftigt sich damit, Wissen möglichst wirksam weiterzugeben und einem Trainer zu helfen, den Lernenden mit methodischen Mitteln Glück und Zufriedenheit beim Lernen zu vermitteln, d.h. einen gewissen „Flow" zu erzeugen. Um diesem hohen Anspruch gerecht zu werden, braucht ein Trainer Basis-Hintergrundwissen. Zunächst unterscheidet man grundsätzlich drei Lerntypen. Es sind dies:

> **W–W–W**
> Wissen – wirksam – weitergeben

- der visuelle Lerntyp
- der auditive Lerntyp
- der kinästhetische Lerntyp

In einer Schneeschuhgruppe ist davon auszugehen, dass alle drei Lerntypen in der Gruppe vorhanden sind. Der Trainer muss also alle drei Lerntypen bedienen, um alle Teilnehmer zu erreichen und das Wissen wirksam weiterzugeben. Aus diesem Grund sollte das Bemühen um methodische Vielfalt das Ziel eines guten Trainers sein. Für den visuellen Typ sollte ein Angebot aus dem Demo-Methodenrepertoire angewendet werden: eine Übung bzw. eine Technik wird vorgemacht, dann nachgemacht und anschließend geübt. Der auditive Typ wird beim Erlernen sportlicher Fertigkeiten eher durch Rhythmisierung wie Mitsprechen oder sonstige auditive Methoden erreicht. Der Kinästhet hingegen erzielt durch die Sensomotorik den größten Lernerfolg. Er erfühlt, erforscht und probiert selbst aus. Ein Wechsel der Lehrmethodik sollte nach allgemeiner Lehrmeinung nach 20 Minuten stattfinden, denn dadurch wird jeder Lerntyp immer wieder individuell auf seinem Kanal angesprochen, bevor er im schlimmsten Fall mental aussteigt. Durch methodische Kompetenz kann systematisch mit einer Zufallsgruppe im sportlichen Bereich die Komfortzone verlassen werden; jeder wird aufgefordert und animiert, die Lernzone zu beschreiten.

6.3.2. Methodik

Das Unterrichten und Führen im Snowshoeingbereich ist komplex. Im Bereich des Risikomanagements gilt es, einmal ein hohes Wissens- und Anwendungsspektrum zu vermitteln und im Bereich der Snowshoeing Techniken die Bewegungen erfassbar zu machen.

In der Methodik ist sowohl das induktive wie auch das deduktive Verfahren anwendbar; und ein gesunder Mix aus beiden Verfahren wird in der Vermittlung der sportlichen Bewegung der erfolgreiche Weg aber auch die Herausforderung an den Trainer sein.

In der Technikvermittlung überwiegt insgesamt die Ganzheitsmethode, lediglich bei den koordinativ etwas anspruchsvolleren Techniken wie „Kick Step" oder dem Abstieg im Doppelstockstütz bietet sich ein Zergliedern in der Teilmethode bzw. die Ganz-Teil-Ganz-Methode an, um zunächst Teilbewegungen zu konditionieren damit in der Zielform die gebotene Bewegungspräzision und der kontinuierliche Bewegungsfluss erreicht werden. Die methodischen Maßnahmen unterscheiden sich beim Snowshoeing nicht von anderen Sportarten. Zur Erinnerung sind sie nochmals kurz aufgelistet:

- Demonstration
- Bewegungsbeschreibung/Bewegungserklärung
- Korrektur
- Übungsaufgabe
- Bewegungsaufgabe
- Toolaufgabe
- Methodische Reihe
- Spielformen/Wettbewerbsformen
- Optische Hilfen
- Akustische/rhythmische Hilfen
- Geländehilfen
- Gerätehilfen
- Freies Üben

Allgemeine methodische Prinzipien sind bei der Vermittlung aller Facetten des Snowshoeings zu beachten:

- Vom Bekannten zum Unbekannten
- Vom Leichten zum Schweren
- Vom Einfachen zum Komplexen
- Von der Grobform zur Feinform
- Viel zeigen – Nichts zerreden – Alles üben

Das „3-modale Lehren und Lernen" hat aufgrund der Symbiose der unmittelbar anwendbaren Wissensvermittlung im Risikomanagementbereich mit der Vermittlung einer sportlichen Technik in der Natur im Snowshoeing eine besondere Bedeutung und Berechtigung.

6.3.3. Positives Lernklima – Win-Win-Situationen

Methodisch liegt eine weitere Herausforderung darin, innerhalb der Gruppe keinen „Loser" zu haben, sondern für alle ein WIN-WIN-Haltung zu entwickeln. Effektives Lernen funktioniert nur über Positivverstärker!
Der Ausbilder hat hierbei die Kernaufgaben des Erklärens, des positiven Korrigierens, des Beratens, des Fragestellens und des Anspornens in Richtung Lernziel.

Fragestellungen auf einer Schneeschuhtour sollten dabei grundsätzlich offen und positiv beantwortet werden können, weil dadurch einerseits die Hemmschwelle herabgesetzt und andererseits das „Loser-Outing" vermieden wird. So lautet die Fragestellung des Trainers, ob das Tempo passt, nicht; „Wer kommt nicht mit?", sondern die Frage wird positiv gestellt, so dass sie mit Ja beantwortet werden kann, wie z. B. „Soll ich etwas langsamer gehen?"

Auch sonstige Anmerkungen und Korrekturen an Einzelne oder die Gruppe an sich sollten grundsätzlich positiv sein, wie z. B. „Gut, dass Du ..., noch besser wäre wenn ...". Der Formulierungsbeginn „Ich bin gespannt wie ..." hat einen Herausforderungscharakter.

> **Schaffe methodisch Win-Win-Situationen**

Der Grundsatz „Sprich so, dass Du verstanden wirst", beinhaltet das Kommunikationsprinzip „wahr ist, was ankommt" und bedeutet, dass das Gesagte für den Lernenden nur dann begreifbar wird, wenn die Sprache der Zielgruppe angepasst ist. So ist für Kinder eine bildliche Sprache angemessen, während für Erwachsene im Regelfall die Fachsprache den richtigen Ton trifft. Nur wenn Lernender und Lehrender die gleiche Sprache sprechen, kann eine Zweiwegkommunikation entstehen, die wiederum jeglichen nachhaltigen Lernerfolg fördert und auch den nötigen Freiraum lässt.

> **Fördern – Fordern – Feedback – Freiraum**

6.4. Nordic Snowshoeing mit Kindern

Das Training und Snowshoeing mit Kindern unterliegt anderen Grundregeln als das Training oder die Ausbildung von Erwachsenen, denn **Kinder sind keine kleinen Erwachsenen**. Sie sind Kinder und haben für sportliche Leistungen gute, aber andere konstitutionelle und physiologische Voraussetzungen als Erwachsene. Neben diesen Voraussetzungen ist allerdings die Psyche des Kindes weit entscheidender, denn diese hat einen völlig anderen Ansatzpunkt für sportliche Aktivitäten.

Kinder haben grundsätzlich einen Forscherdrang, einen Bewegungsdrang und einen Abenteuerdrang. Diese kindlichen Bedürfnisse gilt es für sportliche Aktivitäten zu nutzen. Beim Snowshoeing stellen die Natur und das Element Schnee einen idealen Zugang dar. Für ein Kind sollte jegliche stupide zyklische und langweilige Bewegungsform in den Hintergrund gerückt und

6.4. NORDIC SNOWSHOEING MIT KINDERN

vielmehr die Bewegungsvielfalt, das Entdecken der Natur, das Forschen in der Natur geweckt werden. Insbesondere im Schulkindalter nach dem ersten Gestaltwandel (ca. im 6./7. Lebensjahr) haben Kinder günstige psychische affektive Voraussetzungen wie Unbekümmertheit, Bewegungsdrang, Kritiklosigkeit, Neugierde, Lerneifer, Leistungsbereitschaft und Wettkampffreudigkeit. Dadurch sind sie stark motivierbar, aber auch manipulierbar im positiven Sinne. Die ständig wechselnden Eindrücke beim Snowshoeing im Medium „Natur" laden geradezu dazu ein, dies alles zu fördern. Zur Sensibilisierung hierfür bieten sich folgende Abwechslungen an:

- Bestimmen von Tierspuren
- Bestimmen von Baumarten
- Bestimmen der Schneebeschaffenheit
- Herausfinden der Himmelsrichtung
- Riechen von Harz/ Nadelduft
- Fühlen von Wärme (Sonneneinstrahlung)
- Fühlen der Windrichtung und Windstärke
- Blindes Erfühlen von Nadelbäumen
- Schnee fühlen
- Hören von Tierlauten (Vögel), Naturgeräusche (Bäche/Windrauschen)
- Alle Arten von Spielen (vgl. hierzu Spielschule) (Alles was funny ist)

Spuren lesen

Natur fühlen

So liegt die Rolle des Snowshoeing Trainers, aber auch insgesamt die Rolle eines Trainers oder Ausbilders von Schulkindern in dieser Altersspanne darin, den Animateur und den „Motivator" darzustellen, der zusätzlich die notwendigen Bedingungen schafft. Kindgemäßes Snowshoeing bedeutet daher keinesfalls nur, dass der Trainer (Erwachsene) mit dem Kind eine Schneeschuhtour geht, sondern, dass er das Kind in der kindlichen Erlebniswelt, beim Forschen usw. begleitet. Spiel- und Entdeckungspausen sind einzuplanen und gegebenenfalls sogar zu initiieren. Die Gliederung einer Tour in Etappen und die Ankündigung von Pausen ist motivierend, z. B. vom Baum zur Hütte, über den Graben zum Schneefeld usw. Unter Druck oder Zwang nehmen Kinder üblicherweise eine Verweigerungshaltung ein.

Die konstitutionellen Voraussetzungen der Kinder sind in zwei Bereichen sehr günstig:
1. Kinder haben oft bessere koordinative Voraussetzungen als Erwachsene. Dadurch bewältigen und lernen sie selbst schwierige Bewegungsabläufe spielerisch und schnell.
2. Kinder haben einen höheren Quotientenwert des Verhältnisses Körpergewicht/Körpergröße als Erwachsene. Es ist daher für Kinder ein relativ geringerer Kraftaufwand von Nöten, um Bewegungen auszuführen.

Mit Beginn der Pubertät (ca. im 12./13. Lebensjahr) stellt sich die Motivation für sportliche Anstrengung oft als das Hauptproblem dar und die Vorbildfunktion des Trainers bzw. das Orientieren an Idolen gewinnt zunehmend an Bedeutung. In dieser Entwicklungsphase stehen Sportidole oft mit Musik- oder Schauspielidolen in Konkurrenz.

Bezogen auf das Snowshoeing sind auch in diesem Altersbereich eintönige Ausdauerbelastungen weiterhin zu vermeiden. Abwechslung und Kreativitätsanstöße sind hier die Herausforderungen an den Snowshoeing Trainer.

Auf Belastungen reagiert ein Kind mit einer Atemfrequenzsteigerung, während Jugendliche und Erwachsene mit Atemvertiefung reagieren. Bei zu intensiver Belastung ermüdet ein Kind vorzeitig und überfordert sich daher selten. Es ist vor einer starken Übersäuerung und vor einem übermäßigen Glykogenabbau geschützt, aber auch in seiner anaeroben Kapazität sehr eingeschränkt. Die Voraussetzungen für die Ausdauerfähigkeit sind hingegen günstig und das Terrain des Snowshoers bietet den Hauch von Abenteuer, Wildnis und Natur. Bei Touren mit Kindern ist jedoch immer zu berücksichtigen: „Nicht die Strecke tötet, sondern das Tempo".

Fazit
Snowshoeing mit Kindern ist eine Natursportart, die dem natürlichen Spieltrieb und dem Interesse an der Natur mit kleinsten Forscherdetails sehr entgegen kommt. Die Rolle des Erwachsenen und des Trainers liegt

darin, die Erlebnisse zu erlauben, zu ermöglichen und zu schaffen. Abwechslung geht vor. Bewegen mit Schneeschuhen liefert eine gute Möglichkeit, die Grundlagenausdauer der Kinder spielerisch zu fördern und somit die Gesundheit des Kindes zu erhöhen, aber auch die Begeisterung für die Natur zu wecken. Der Kampf gegen Übergewicht, Fernseh- und Computerkonsum der modernen Kindergeneration wird dadurch positiv unterstützt. Let's go Snowshoeing, als Indianer, als Jäger oder sogar als Yeti!

> **Kind ≠ kleiner Erwachsener**
> Der Nordic Snowshoeing Trainer begleitet die Kinder und ermöglicht Naturerlebnisse, Fun und spielerischen Sport

Zusammenfassung

Ein Schneeschuhtrainer und Tourenführer muss viele Kompetenzen besitzen und sollte eine wirkliche Persönlichkeit sein, da insbesondere bei alpinen Touren unvorhergesehene Situationen eine hohe Forderung an die Führungsfähigkeit stellen. Tourenvorbereitung und Tourendurchführung sind besonders ernst zu nehmen und Sorgfalt wie Umsicht sind das Gebot der Stunde. Schlagwortartig sind die „10 Gebote" für eine Schneeschuhtour nochmals aufgelistet:

1. Einholen der Informationen über den aktuellen Lawinenlagebericht und den Wetterbericht
2. Planung der Tour anhand einer topographischen Karte (Maßstab 1:50000 besser 1:25000)
3. Aufstiegsroute und Abstiegsroute sind nach Können, Zustand und Ausrüstung der Gruppenmitglieder zu wählen (Steilheit/technische Schwierigkeit/Entfernung)

4. Die notwendige Ausstattung ist mitzuführen:
   - Verschüttetensuchgerät (= Notfallausstattung für Jedermann)
   - Lawinenschaufel/Sonde (= Notfallausstattung für Jedermann)
   - Rucksackapotheke/Erste-Hilfe-Pack (= Gruppenausstattung)
   - Orientierungsmaterial/Handy (= „Führungsmittel")
5. Im alpinem Gelände nie alleine gehen, wenn doch, Jemanden über den geplanten Weg und die vorgesehene Rückkehrzeit informieren
6. Durchführen eines fundierten Risikomanagements in Übereinstimmung mit Erfahrung und Wissen. Die wichtigste Frage: Ist ein Hang begehbar oder nicht und warum?
7. Kritische Hänge, wenn überhaupt, nur einzeln begehen
8. Ausrüstung und Bekleidung dem Unternehmen anpassen
9. Bei fehlender Erfahrung, Hilfe durch qualifizierten Guide in Anspruch nehmen!
10. Halte Reserven in Zeit und Können!

7. Training und Gesundheit

Unter dem Begriff „Training" versteht man gezielt ausgelöste Beanspruchungen des Organismus. Die Trainingsreize lösen einen Anpassungsprozess im Organismus des Menschen aus. In diesem Anpassungsprozess wiederum steigern sich bei richtig dosierten Beanspruchungen die Kondition und die Koordination. Das Energiebereitstellungssystem und das muskuläre System werden verbessert. Daneben kann Training auch zur Wiederherstellung der Leistungsfähigkeit nach Krankheit oder Verletzung betrieben werden. Ein Training ist daher immer zielorientiert. Über diese Ziele müssen sich Trainierende und Trainer verständigen. Ziele müssen auf einer sorgfältigen Analyse des Ausgangsniveaus beruhen. Sie sollen anspruchsvoll und real erreichbar sein. Solche Ziele können sich in folgenden Bereichen bewegen: Verbesserung der Fitness, Gesundheit, Verbesserung des körperlichen Wohlbefindens und sportliche Leistungsfähigkeit. Um Trainingsziele zu erreichen, muss systematisch vorgegangen werden. Training ist daher in Stufen eingeteilt, die aufeinander aufbauen und einander bedingen.

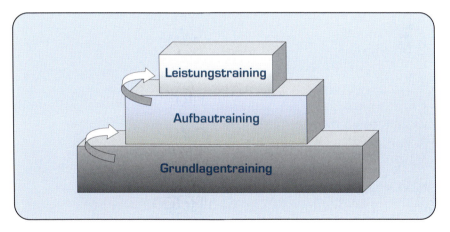

Das *Grundlagentraining* zielt darauf ab, die körperlichen Voraussetzungen für Trainingsbelastungen in der zweiten und/oder dritten Stufe zu schaffen und kontinuierlich zu steigern. Strebt der Trainierende kein höheres und spezielles Trainingsziel an, dann kann er auf der Stufe des Grundlagentrainings verbleiben und dadurch seinen Gesundheits- und Fitnessanspruch lebenslang stützen.

Das **Aufbautraining** ist die mittlere Trainingsstufe. Nachdem durch ein Grundlagentraining eine ausreichende Leistungsbasis geschaffen worden ist, kann durch zusätzliches Aufbautraining eine Leistungsspezialisierung verwirklicht werden. Das Aufbautraining zielt auf spezielle anwendungsbezogene Leistung ab.

Das **Leistungstraining** ist die dritte und höchste Trainingsstufe, sie zielt auf die Entwicklung und Realisierung von Höchstleistungen in ganz speziellen Bereichen ab (Wettkampf). Weil zu diesem Zeitpunkt in allen drei Stufen trainiert wird, ist der Trainingsaufwand sehr hoch (in der Regel mehr als 5-mal pro Woche).

7.1. Trainingsprinzipien

Um die zielgerichtete Anpassung sicherzustellen, sind fünf Grundprinzipien zu beachten:

1. Prinzip der Superkompensation

Der menschliche Organismus ist bemüht in einem Gleichgewicht zu leben. Auf die Störung dieses Gleichgewichts durch einen überschwelligen Trainingsreiz reagiert er in der anschließenden Erholungsphase (Regeneration) durch eine entsprechende Anpassung. Die Anpassung führt nicht nur zum Ausgangsniveau zurück, sondern zu einer erhöhten Wiederherstellung, zu einem Mehrausgleich. Dieser Anpassungsprozess der sogenannten Superkompensation wird optimal genutzt, wenn der nächste überschwellige Reiz zum Zeitpunkt der erhöhten Leistungsfähigkeit erfolgt. Erfolgt die nächste Belastung nach dem Zeitpunkt der Superkompensation, stagniert die Leistung oder ist rückläufig. Häufige Belastungen vor Erreichen der Superkompensation führen zum Leistungsverlust und zum Übertraining.

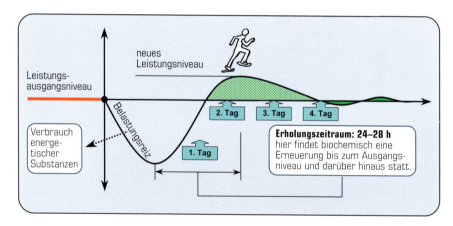

2. Prinzip Regelmäßigkeit

Regelmäßiges Training ist eine der wichtigsten Voraussetzungen zur Verbesserung der Leistungsfähigkeit. Die gewünschten Anpassungserscheinungen sind nur möglich, wenn über einen bestimmten Zeitraum regelmäßig trainiert wird.

3. Prinzip der trainingswirksamen Belastung
Damit ein Training wirksam ist, ist ein möglichst optimaler Reiz notwendig, der vorrangig durch die Intensität und Dauer bestimmt wird. Aber auch die Dichte, der Umfang und Häufigkeit sind von Bedeutung. Stagnation oder Rückgang der Leistung lassen meist auf suboptimale trainingswirksame Belastung schließen. Um optimal zu trainieren, sind daher die individuellen Pulswerte zu ermitteln, um im richtigen Bereich die richtige Geschwindigkeit zu halten. Geeignete Anhaltswerte für Pulsing im Schneeschuhbereich bietet die Tabelle unter 7.5.

4. Prinzip der ansteigenden Belastung
Bei optimalem Trainingsreiz zeigt sich nach einiger Zeit der gewünschte Effekt. Der Organismus hat sich aufgrund der regelmäßigen Belastung angepasst und ein höheres Leistungsniveau erreicht. Die Trainingsreize verlieren aufgrund der Anpassung allerdings ihre Wirkung und können meist nur noch zur Erhaltung des erreichten Niveaus dienen. Eine weitere Verbesserung der Leistungsfähigkeit erfordert deswegen eine Anpassung der Trainingsbelastung, d. h. die Belastungskomponenten müssen verändert werden. Dabei sind zunächst die Trainingshäufigkeit zu steigern, dann der Umfang und erst zuletzt die Belastungsintensität.

5. Prinzip der Langfristigkeit/Periodisierung
Ein ständiger Wechsel zwischen Belastung und Entlastung, zwischen Umfangerhöhung und Intensitätserniedrigung usw. sollte stattfinden. Das Trainingsjahr ist somit, wenn es zielgerichtet sein soll, einem periodischen Wandel unterworfen. Aus diesem Grund sollte das Jahr in Trainingsperioden unterteilt werden, sofern man Ambitionen im Wettkampfsport hat. Das Prinzip der Langfristigkeit besagt, dass eine kontinuierlich erworbene Leistungsfähigkeit stets stabil ist und nur relativ geringe Erhaltungsreize braucht, während sich eine kurzfristig verbesserte körperliche Leistungsfähigkeit oft genauso schnell wieder zurückbildet.

7.2. Trainingsmethoden

Für die Durchführung des Trainings stehen im Ausdauersport, zu dem auch das Snowshoeing gerechnet wird, die folgenden vier grundsätzlichen Trainingsmethoden zur Verfügung:

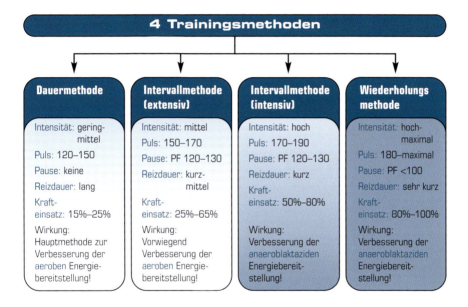

Mit Hilfe diagnostischer Verfahren werden maximale Herzfrequenz oder aerobe und anaerobe Schwellen bestimmt, die eine praktikable Einteilung in Trainingsbereiche ermöglichen. Diese Bereiche werden am Besten mit Hilfe der Herzfrequenz als Steuerungsparameter kontrolliert und dosiert. Das Training in den jeweiligen Bereichen bringt bestimmte Anpassungsprozesse mit sich, so dass je nach Ziel im entsprechenden Bereich mit der entsprechenden Methode trainiert wird (wobei der Trainingszustand die %-Schwankungen bedingt.).

Trainingsbereich	Intensität in % der max. Herzfrequenz	Ziel	Trainingsmethode
Regenerationsbereich	55–65%	Unterstützung des Regenerationsprozesses	Dauermethode (extensiv)
Grundlagenausdauer 1	65–75%	Stabilisierung und Entwicklung der Grundlagenausdauer	Dauermethode (extensiv)
Grundlagenausdauer 2	75–85%	Entwicklung und Ökonomisierung der Grundlagenausdauer	Dauermethode (intensiv) Fahrtspiel
Entwicklungsbereich	85–92%	Entwicklung der Grundlagenausdauer	Extensive Intervallmethode
Spitzenbereich	92–100%	Ausprägung der wettkampfspezifischen Ausdauer	Intensive Intervallmethode/Wiederholungsmethode

Da das Anforderungsprofil für den Snowshoer die Ausdauer ist, werden die übrigen konditionellen Fähigkeiten in diesem Lehrbuch nicht näher beleuchtet.

7.3. Trainingsempfehlungen

Wie bei jeder Sportart sollte vor Beginn des Trainings eine sportärztliche Untersuchung erfolgen. Nur so können Gesundheitsrisiken ausgeschlossen oder verringert werden. Um die individuelle Belastung optimal zu steuern, wird Ihnen Ihr Sportarzt gerne Ihre persönlichen Trainingsbereiche liefern, die für eine gesunde und effektive Ausübung des Sports wichtig sind.

Nur als Notlösung sollte auf allgemeine Regeln zurückgegriffen werden, wie sie in der Literatur häufig vorgefunden werden. Beispiele hierfür wären: Trimming Puls 130 oder 200 minus Lebensalter (z. B. 200–50 Lebensjahre = Puls 150). Da diese Werte auf Durchschnittswerten basieren und so für den einzelnen Sportler nicht immer zutreffen, wird hier nicht näher darauf eingegangen.
(Allerdings sei auf die Gefahren kurz hingewiesen: Da diese errechneten Werte nicht auf Jedermann anwendbar sind und zum Teil viel zu hoch sein können, können sie im schlimmsten Fall eine permanente Überbelastung verursachen, die Ihnen den Spaß an diesem schönen Sport verdirbt und gesundheitliche Probleme mit sich führen kann. Genau wie bei jeder anderen Sportart ist es von Vorteil, wenn eine gewisse Fitness vorhanden ist. Doch beim Schneeschuhlaufen kann man auch als Untrainierter seinen Spaß haben und Freude finden.)

Belastung
Die körperliche Beanspruchung beim Schneeschuhlaufen wird durch viele verschiedene Faktoren beeinflusst. Da im Gegensatz zum Wandern oder Skilanglauf keine präparierten Wege oder Loipen benötigt werden (Umweltschutz beachten!), kann eine Spur in jedem Gelände angelegt werden. So ist es möglich, sie optimal auf die körperliche Verfassung anzupassen. Z. B. durch die Nutzung von geräumten Wanderwegen oder eingelaufenen Schneespurtrails kann die Belastung reduziert werden. Auch die Beschaffenheit des Schnees spielt eine sehr große Rolle für die Intensität mit der die Sportart ausgeführt wird.
Ein weiterer Faktor ist der Schneeschuh selbst; durch die verschiedenen Modelle und Größen kann die Einsinktiefe verringert oder vergrößert werden. Je tiefer der Läufer einsinkt, umso höher steigt die Belastung. Ähnlich verhält es sich mit der Laufgeschwindigkeit: je schneller gelaufen wird, umso höher die Intensität und damit die Auswirkung auf den Puls. Ein Tipp: Sollten Sie in der Gruppe unterwegs sein, achten Sie darauf, dass Sie sich gut und in zusammenhängenden Sätzen unterhalten können; so beugen Sie einer Überbelastung und Übersäuerung der Muskulatur vor.
Fazit/Belastung: Durch die Vielzahl der belastungssteuernden Faktoren bietet der Schneeschuhsport ein breites Betätigungsfeld, das für Untrainierte bis hin zum Spitzensportler ein angepasstes Training zulässt.

Dauer

Wie bei jeder anderen Ausdauersportart gibt es auch hier ein paar Regeln, die es zu beachten gilt, um lange Spaß an der Bewegung zu haben.

Beginnen Sie lieber mit einer kürzeren Belastungsdauer. Bei Untrainierten z. B. 20 bis 30 Min. und dann wird die Belastungsdauer langsam, aber kontinuierlich gesteigert. Ziel sollte sein, sich langsam an die 45 Minuten heran zu arbeiten.

Versuchen Sie das Training systematisch aufzubauen. 2-1 ist für Anfänger ausreichend, das bedeutet 2 Tage Sport und 1 Tag Pause. Dasselbe bezieht sich auf die Trainingswochen, 2 Wochen mit dem Rhythmus 2-1 und danach eine Ruhewoche. Nur so kann sich der Körper wieder erholen und sich langfristig an die Belastungsreize anpassen. Dann wird Ihre körperliche Leistungsfähigkeit ständig zunehmen und damit steigt auch der Spaß an der Bewegung.

Bei schon trainierten Sportlern kann sich die Dauer von 1 bis zu 5, 6 oder 7 Stunden ausdehnen. Für diese Sportler ist auch schon ein anderer Belastungsrhythmus möglich: 3-1. Dies ist natürlich schon sehr zeitaufwändig, da in den 3 Tagen der Belastung auch noch eine sinnvolle Steigerung ablaufen sollte. Beispielsweise am 1. Tag beginnt man mit 1,30 Std. Grundlagentraining, am 2. Tag wird die Dauer auf 2 Std. erhöht und am 3 Tag steigert sich das Training auf 2,30 Std. Darauf folgt ein Ruhetag. Bei einer weiteren Steigerung kommt so eine Gesamtdauer pro Woche von bis zu 13–14 Std. heraus. Dies kann natürlich beliebig reduziert oder erhöht werden, wie es der zeitliche Rahmen des Sportlers zulässt. Wer sich so intensiv mit Sport auseinander setzt, sollte sich von einem gut ausgebildeten Trainer oder Sportwissenschaftler beraten lassen.

Ein sehr großer Vorteil vom Schneeschuhlaufen ist, dass sich die Belastungsintensität über die ganze Belastungsdauer sehr gleichmäßig halten lässt. Es ergeben sich fast keine Belastungsschwankungen, wie sie z. B. durch Abfahrten beim Radfahren oder Skilaufen entstehen.

Fazit der Dauer: Weniger ist oft mehr, nur durch die richtige Einteilung von Belastung und Erholung erhöht sich die Leistungsfähigkeit.

7.4. Das Drei-Komponenten-System

Nordic Snowshoeing wird im Bereich des Ausdauersports eingeordnet. Die Wellness- und Gesundheitsaspekte dieser Sportart lassen sich unter Berücksichtigung des bereits unter 7.1. bis 7.3. dargestellten in diese drei Komponenten untergliedern.

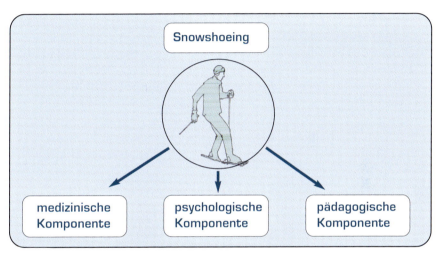

7.4.1. Die medizinische Komponente

Wirkungen auf das Herz-Kreislauf-System:

Trainingswirkungen auf den Herzmuskel:
Jedes regelmäßige Training, dass das Herz-Kreislauf-System beansprucht, führt am Herzen zu folgenden Anpassungserscheinungen:
- Verdickung der einzelnen Herzmuskelfasern
- Verlängerung der Herzmuskelfasern

Durch die Anpassungserscheinungen kommt es zu einer
- Steigerung der Pumpkraft und
- einem Volumenzuwachs der Herzhöhlen (= Hubraumvergrößerung)

Trainingswirkungen auf die Herz-Kreislauf-Funktionen:

Die Schlagfrequenz des trainierten Herzens sinkt mit zunehmender Herzgröße ab und bedingt folgende Vorteile für die Durchblutung des Herzmuskels:

- Die Durchblutung des Herzmuskels findet im Wesentlichen nur während der Diastole statt (88%), eine verlangsamte Schlagfolge bedeutet eine verlängerte Diastole und somit eine längere Durchblutungszeit. Dies bewirkt ein höheres Sauerstoffangebot für den Herzmuskel selbst.
- Das trainierte Herz braucht für gleiche Belastungsstufen weniger Herzschläge als das untrainierte und wird somit während jeder Phase der Leistung relativ besser durchblutet, hat dadurch einen besseren Sauerstoffwechsel und kann somit mehr und länger Leistung bringen als das Herz des Untrainierten. Eine Frequenzminderung bedeutet eine bessere, ökonomischere Herzarbeit.

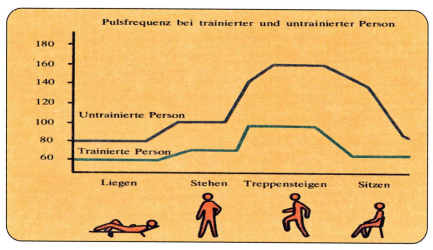

Aus: Wöllzenmüller/Grunewald 1977

Ursachen für die Frequenzminderung:

Der Blutbedarf (nicht Sauerstoffbedarf) des ausdauertrainierten Organismus ist sowohl in Ruhe als auch während der Leistung vergleichsweise geringer, weil:

- durch die bessere Kapillarisierung aller Organe, insbesondere der Skelettmuskulatur, ist die Blutversorgung verbessert. Hierdurch kann eine bessere Ausschöpfung des Sauerstoffvorrats im Blut erfolgen und in einer Zeiteinheit muss weniger Blut vom Herzen gepumpt werden.

Mehr Kapillaren bedeuten:
- mehr Kontaktmöglichkeiten in der Zeiteinheit zwischen Blut und Gewebe
- eine verlängerte Kontaktzeit (vgl. ein Fluss, der sich vor der Mündung in Arme aufteilt, fließt wesentlich langsamer).

Trainingswirkungen auf das Schlagvolumen des Herzens:
Das Schlagvolumen entspricht der Blutmenge, die pro Herzschlag gepumpt wird. Bei Trainierten ist das Schlagvolumen meist geringfügig herabgesetzt. Grund: bessere Kapillarisierung, daher bessere Sauerstoffversorgung des Gewebes. Bei Leistung kann das sportlich trainierte Herz zunächst mit erheblicher Zunahme des Schlagvolumens den Blutmehrbedarf decken. Erst wenn diese Reserve fast ausgeschöpft ist, steigert das Herz auch seine Schlagfrequenz, um seine Förderleistung zu erhöhen.

Trainingswirkungen auf den Blutdruck:
Der Blutdruck sorgt für die Fließgeschwindigkeit des Blutes. Dem Kreislaufzentrum stehen hierfür zwei Steuerungsmöglichkeiten zur Verfügung:
- Das Herzminutenvolumen (= Umrechnung des Schlagvolumens auf eine Minute)
- Der Arterienquerschnitt

Beim Trainierten kommt es in Ruhe zu einer Verminderung des Herzminutenvolumens und somit
- zu einer Druckentlastung und
- zu einer Reduzierung der Herzarbeit.

Für gleiche Arbeit benötigt der Trainierte vergleichsweise geringere Druckwerte. Da das maximale Minutenvolumen beim Trainierten deutlich höhere Werte erreichen kann als beim Untrainierten, liegen auch die maximalen (systolischen) Blutdruckwerte höher als beim Untrainierten; er hat somit bei Bedarf eine größere Blutdruckreserve.

Der diastolische Blutdruck eines Ausdauertrainierten unter Belastung steigt nur geringfügig an und sinkt nach der Belastung gemäß dem Trainingszustand sehr schnell ab.

Bedeutung der Trainingswirkung auf das Herz-Kreislauf-System:
Aerobes Training, meist im „steady-state-Bereich" bewirkt:
- eine Erweiterung der Herzkranzgefäße
- eine bessere Kapillarisierung des Herzmuskels
- eine langsamere Schlagfolge in Ruhe und unter Belastung, dadurch eine längere Durchblutungsphase.

Insgesamt lässt sich eine Ausdauersportart wie Snoeshoeing als positiv für das Herz-Kreislauf-System bewerten und Durchblutungsstörungen des Herzmuskels (Herzinfarkt) können bei Ausdauertrainierten auch wesentlich seltener vorkommen. Die Stärke des Motors **„Herz"** liegt mehr in der Dauer als in der Leistung. Nach einer Studie der Universität Liverpool büßt das Herz bei gesunden Männern zwischen dem 18. und 70. Lebensjahr ein Viertel (25%) seiner Pumpleistung ein, sofern es nicht durch körperliche Aktivität trainiert wird.

Trainingswirkungen auf das Atmungssystem:
Durch aerobes Training kommt es zu einer Erhöhung der Vitalkapazität. (= willkürlich pro Atemzug maximale ein- und ausatembare Luftmenge). In der Regel tritt dieser Effekt erst nach längerem regelmäßigem Training ein. Auch eine Abnahme der Atemfrequenz stellt sich nach längerem Training ein, so dass ein Sportler bei Belastung seine Atemtiefe erhöhen kann, während der Untrainierte sofort seine Atemfrequenz erhöhen muss. Parallel dazu stellt sich ein verbessertes und beschleunigtes Ausatmungsvermögen ein, um so die verbrauchte Luft (= sauerstoffarm und kohlendioxydgesättigt) auszustoßen. Das maximale Atemminutenvolumen kann so bis auf 400 L ansteigen, während es beim Untrainierten bis zum 30. Lebensjahr auf ca. 160 L ansteigt und danach wieder abfällt.

Trainingswirkungen auf das Blut:
Bei längerem regelmäßigem Training kann eine geringe Vermehrung von Hämoglobin (= Sauerstofftransporteur mit ca. 34% der roten Blutkörper-

chen) festgestellt werden. Durch Training kommt es zu einer Verminderung der Rigidität (Starrheit) der roten Blutkörperchen infolge der Zunahme der Membranelastizität. Dadurch können sich die Erythrozyten in den Kapillaren besser verformen. Dies bedeutet wiederum eine verbesserte Sauerstofftransportfunktion, da Blutgefäße mit weniger als 7,5 Mykromillimeter Durchmesser passiert werden können. Als Nebenwirkung fällt zusätzlich ein antithrombotischer Effekt an.

Trainingseinflüsse auf die Skelettmuskulatur:
Bei einem Mann beträgt die Skelettmuskulatur 35–40% aller Körperzellen. Durch Training kommt es in der Zelle zu Mitochondrienzunahme, d. h. eine Volumenzunahme der Zellorganelle, in denen die Atmungskette und der Zitronensäurezyklus ablaufen. Es ist eine Zunahme der Kapillaroberfläche, eine Zunahme der Verbrennung freier Fettsäuren (= Gewichtsabnahme) und eine Myoglobinvermehrung (= Muskelfarbstoff, der als Sauerstoffspeicher dient) zu verzeichnen. In geringem Ausmaß kann dem Verlust der Muskelmasse begegnet werden, die vom 20. bis zum 70. Lebensjahr ohne Training um ca. 40% abnimmt. (Dieser Effekt wird jedoch mehr durch Krafttraining erzielt).

Trainingswirkungen auf das Hormonsystem:
Im Hormonbereich bewirkt aerobes Training eine Abnahme der Katecholamine Adrenalin und Noradrenalin. Wesentlich bedeutender ist jedoch die Abnahme des Insulinspiegels, die durch den schnelleren Wechsel von Glukose aus dem Blut in die Zelle erreicht wird, und so eine schnellere Energiebereitstellung bedeutet.

Trainingswirkungen auf das Nervensystem:
Alle Bewegungs- und Steuerungsimpulse gehen vom Nervensystem aus. Wir unterscheiden das animalische und das vegetative Nervensystem, wobei sich die Trainingswirkungen auf beide Systeme nur schwer voneinander trennen lassen. Sie äußern sich letztendlich im Wegfallen überflüssiger Mitbewegungen, was in der rhythmischen Gelöstheit z. B. in einem „runden" Geh- oder Laufstil zu beobachten ist. Trainierbar im animalischen System ist die Verbesserung in der Erregungsübertragung vom Neuron auf den Mus-

kel sowie die Erregungssteigerung von Neuron und Muskel. Beim vegetativen System zeigt sich nach längerem Training eine starke Verschiebung des vegetativen Gleichgewichts zur Vagusseite, was das funktionelle Geschehen im Körper entscheidend beeinflusst. (= Bestreben des Organismus, möglichst große funktionelle Anpassungsbreite und ökonomische Organarbeit zu erreichen). Die Obergrenze ist genetisch vorgegeben, je weiter jedoch die Ruhewerte von diesem Maximum entfernt sind, umso größer ist die Steigerungsmöglichkeit.

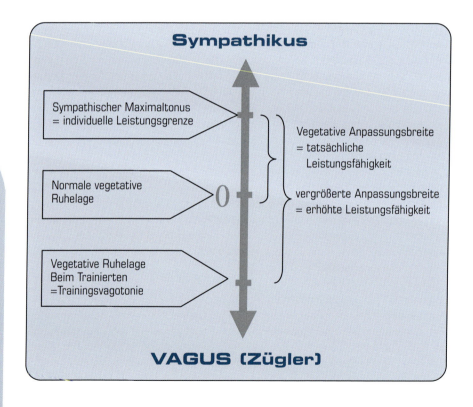

Trainingswirkungen gegen Alterungsvorgänge:
Zwischen den Funktionen von Gehirn, Herz-Kreislauf-System und Skelettmuskulatur besteht eine intensive Verzahnung auf biochemischer Basis. Gleichzeitig steigert dynamische Muskelarbeit die regionale Gehirndurchblutung. Durch Erhöhung der Überträgersubstanzen, die Nervenimpulse an motorische Endplatten weiterleiten, erhöht ein Ausdauersport wie Snowshoeing also auch die geistige Fitness. Das bedeutet Alterungsvorgängen kann durch Sport sowohl im körperlichen als auch im geistigen Bereich entgegengewirkt werden. Durch Funktionsbeanspruchung bleibt die Zelle jung, es wird quasi ihr Verfallsdatum hinausgeschoben.

Trainingswirkungen auf das Immunsystem:
Die Änderung warm/kalt zur Stärkung des Immunsystems ist die Grundidee von Kneipp. Eben dieses System wird durch das Snowshoeing verfolgt, wenn die Bewegung in der Natur dem komfortablen Büroalltag entgegenwirkt. Bewegung im Schnee bedeutet saubere und sauerstoffreichere Luft. Die Immunabwehr wird also deutlich gestärkt.

7.4.2. Die psychologische Komponente

Trainingswirkungen auf die Psyche:
Durch aeroben Sport schüttet das vegetative Nervensystem weniger Stresshormone (Katecholamine) aus; die dämpfende Wirkung des Sympatikus überwiegt. Aerober Sport gibt das Gefühl des Wohlbefindens, welches über mehrere Stunden anhalten kann. Dies ist dadurch bedingt, dass Endorphine vermehrt hergestellt und ausgeschüttet werden. Dies sind körpereigene Substanzen, die in ihrer chemischen Struktur dem Schmerzmittel Morphium ähneln. Ihre Wirkung bezieht sich auf Schmerzempfindung, Sinneseindrücke, Emotionen und Stimmungen, wobei Spannungen, Sorgen und Ängste abgebaut werden. Im limbischen System des Großhirns gibt es sehr viele noradrenalinhaltige Neuronen, die für unsere Psyche wichtig sind und Gefühle wie Hass, Liebe, Freude und Traurigkeit prägen. Ein Teil dieser Neuronen steigt ins Rückenmark ab und wird dort auf Neuronen geschaltet, welche die Motorik der Arm- und Beinmuskulatur regulieren. Dadurch ist der Zusammen-

hang zwischen Stimmung und sportlicher Leistungsfähigkeit zu erklären. Dies ist ein Effekt, den man sich durch Schaffen von Stimmungen im Training und vor Wettkämpfen mit Hilfe von aggressiver oder beruhigender Musik aber auch durch die Ruhe der Natur speziell im Snowshoeing zu Nutze macht. Depressionen weichen gesteigertem Selbstbewusstsein und einer positiven Lebenseinstellung, wenn ein Erfolg sichtbar wird. Im Wettkampfsport lässt sich dieses Phänomen häufig beobachten, wenn der Sieger eines Rennens scheinbar ohne Anstrengung durchs Ziel läuft, während der Geschlagene erschöpft am Boden liegt. Im Extremfall reicht es bis zur Euphorie dem sogenannten „runners high".

Snowshoeing ist in der oft trübnebligen Winterzeit auch ein guter Ersatz für fehlendes Sonnenlicht. Denn ein Manko an Licht und frischer Luft bewirkt, dass die Produktion des Hormons Serotonin reduziert wird. Und stellt sich ein Mangel dieses Hormons ein, so bewirkt dies wiederum Trägheit, schlechte Laune und in harten Fällen die typische Winterdepression. Durch Bewegung und Sport, wie das für Jedermann ergreifbare Snowshoeing, wird diese Hormonproduktion angekurbelt. Ein weiterer positiver Gesundheitsaspekt ist die Stressabbaufunktion von Bewegung allgemein und Snowshoeing im Besonderen für Menschen, die psychischem Stress ausgesetzt sind und abends schlecht abschalten können. Stresshormone werden in den „Energiezentralen" der Zellen abgebaut. Je mehr Muskelzellen vorhanden sind, desto besser wird Stress reduziert. Die einzige Möglichkeit für uns, die Anzahl der Zellen beträchtlich zu erhöhen, bieten die Muskeln.

Beim Snowshoeing verbringt man ca. 95% der Zeit mit sich selbst in der Natur. Deswegen hat man viel Zeit in sich hinein zu hören. Ab und zu verlieren sich die Gedanken auch in der ruhigen Entspannung. Experten bezeichnen diesen Zustand als „FLOW", ein Zustand, in dem die Gehirnströme praktisch im Gleichgewicht schwingen.

7.4.3. Die pädagogische Komponente

Innerliche Einstellung:
Im Mittelpunkt der pädagogischen Komponente steht die Sportpraxis und die Motivation mit dem Ziel, beim Snowshoer eine positive Haltung und Ein-

stellung zum Sport und zur Natur zu erreichen, die nachhaltig ist. Es muss gelingen, den Sport und die Natur so erleben zu lassen, dass beides innerlich angenommen wird. Im Grunde genommen bedarf es dann keiner weiteren Anregung mehr, weil es dem Snowshoer dann selbst ein Bedürfnis ist sich mit diesem Sport und der Natur zu befassen. Dieses Bedürfnis kann vom Ego-Bedürfnis über das soziale Bedürfnis durch Integration (= Teil einer Gruppe) bis zur Selbstverwirklichung reichen.

Persönlichkeitsbildung:
Snowshoeing ist persönlichkeitsprägend. Hier kann der Sporttreibende Erfahrungen wie Ermüdung, Anstrengung, Entspannung und die eigene Belastbarkeit erleben. Wer Belastungen vermeidet, Niederlagen aus dem Weg geht, dem entgehen viele für seine persönliche Identität wichtige Dinge. Snowshoeing gibt den Raum zur Erfüllung der Wünsche nach Erholung in der Natur, nach sozialem Kontakt, nach Spiel, Wettstreit und Selbstbestätigung, es genügt der „Rausch des Dabeiseins".

Sozialfaktor Snowshoegruppe:
Die Sozialisation der Generationen findet heute in den traditionellen Sozialisationszentren – Familie, Beruf, Nachbarschaft, Bekanntenkreis nur noch eingeschränkt statt. Andere Vermittler werden daher immer wichtiger um soziale Verhaltensnormen zu erziehen. Eine (alpine) Snowshoeing-Tour bietet die Plattform, Sozialisationsdefizite wie z. B. Integration, Gemeinschaftserleben, Verantwortung für sich und andere, sowie Selbstdisziplin zu kompensieren, unmerklich zu vermitteln oder zu festigen.

Gesundheitserziehung durch Sport:
Snowshoeing wirkt Negativfolgen von Technisierung, Automatisierung und sitzenden Berufstätigkeit entgegen. Über den Natursport Snowshoeing lässt sich ein Gesundheitsbewusstsein entwickeln und so kann dies sogar zu einer gesünderen Lebensweise (gute Ernährung, Rauchen aufhören, ...) animieren sowie letztendlich einen Beitrag zur Minimierung der sogenannten Zivilisationskrankheiten leisten.

7.5. Herzfrequenz

Die Herzfrequenz ist ein eindeutiger Parameter für die Belastungsintensität. Daher werden über den Puls auch die unterschiedlichen Trainingsvarianten gesteuert. Wenn also eine Leistungssteigerung erfolgen soll, so müssen unterschiedliche Trainingsreize gesetzt werden, indem das Training immer wieder variiert. Variierende Belastungen (Trainingseinheiten) in verschiedenen Herzfrequenzzonen steigern die Herzleistung.

Gesundheitszone bis Fettverbrennungszone:
55–70% der max. Herzfrequenz. Angriff auf die Fettdepots. In diesem Bereich verbrennt der Körper in Relation die meisten Kalorien. Überdies wird das Herz-Kreislaufsystem trainiert und die Fitness verbessert.

Aerobe Zone oder Fitnesszone:
79–80% der max. Herzfrequenz. Hier werden Atmung und Kreislauf trainiert. Der optimale Bereich zur Steigerung der Ausdauer (aerobes Training). Die Fettverbrennung und das Training der Muskeln halten sich hier in etwa die Waage.

Anaerobe Schwellenzone oder Intensivzone:
80–90% der max. Herzfrequenz. Hier werden an sich die meisten Kalorien verbrannt, aber der Anteil der Verbrennung aus Kohlehydraten überwiegt. Anaerob heißt, dass die Muskulatur nicht mit ausreichend Sauerstoff versorgt wird.

Nur ein gezielter Wechsel zwischen den drei Zonen bringt einen optimalen Trainingseffekt. Aus diesem Grund macht das Pulsing (Kontrolle mittels Pulsmessung/Pulsuhr) richtig Sinn.
Als grober Anhalt können die folgenden Werte angesehen werden:

7.5. HERZFREQUENZ

Alter	Max. Pulsfrequenz	Optimaler Trainingsbereich						Erhalten Schwelle 180-Alter	Verbes. Schwelle Pulsobergrenze 200-Alter
		Erhalten			Verbessern				
		60%	65%	70%	75%	80%	85%		
20	200	120	130	140	150	160	170	160	180
25	195	117	127	137	145	156	166	155	175
30	190	114	124	133	143	152	162	150	170
35	185	111	120	130	139	148	157	145	165
40	180	108	117	126	135	144	153	140	160
45	175	105	114	123	131	140	149	135	155
50	170	102	111	119	128	136	145	130	150
55	165	99	107	116	124	132	140	125	145
60	160	96	104	112	120	128	136	120	140
65	155	93	101	109	116	124	132	115	135
70	150	90	98	105	113	120	128	110	130
75	145	87	94	102	109	116	123	105	125
80	140	84	91	98	105	112	119	100	120
85	135	81	88	95	101	108	115	95	115

(Angaben aus CNG Christian Neureuther Gesellschaft)
Formel: Frauen 226-Alter; Männer 220-Alter

Unterschiedliche Intensitätsreize führen zur Leistungssteigerung

8. Alpine Gefahren

8.1. Schneekunde

Damit Schnee zu Boden fällt, müssen drei Voraussetzungen erfüllt sein:

1. Temperaturen unter 0°C
2. Feucht gesättigte oder übersättigte Luft
3. Kondensations- oder Sublimationskerne

Sind diese drei Bedingungen gegeben, fällt Schnee in den unterschiedlichsten Kristallformen zu Boden und bildet in einer Niederschlagsperiode eine Schneeschicht. Ein Staubteilchen bildet den ursprünglichen Anfang einer Schneeflocke. Bei Minusgraden sausen in einer Wolke winzige Wasserteilchen und Staubkörner umher. Stoßen sie zusammen, ordnen sich die Moleküle schrittweise um das Staubkorn zu einem Sechseck an, das wie ein Turm in die Höhe wächst. Ein Kügel-

Urkristall

Ein Kügelchen aus Staub und Wasser formt sich immer wieder um, bis das Urkristall mit einer sechseckigen Grundfläche entsteht

Ab einem gewissen Durchmesser lagern sich herumfliegende Wasserteilchen an den Kanten an und Ärmchen wachsen

Beim weiteren Fall zu Boden ändern sich Temperatur und Luftfeuchtigkeit, und an den Plättchen wachsen Eisarme

Das Schneekristall fliegt durch eine andere Luftschicht und an den Ärmchen wachsen Plättchen

chen aus Staub und Wasser ist daher die Grundform jedes Schneekristalls. Weitere Wasserteilchen docken an, der Kristall wird schwerer und sinkt zu Boden. Er fliegt dabei durch kalte und wärmere, feuchte und trockenere Luftschichten. Von der Temperatur und der Luftfeuchtigkeit hängt es dann ab, ob aus der Grundform ein Plättchen oder ein Stern heranwächst. Ist es in einer Luftschicht kälter als minus 22°C und feucht, dann wächst eine Säule. Wenn die Luft zwischen minus 10°C und minus 25°C kalt und dazu sehr feucht ist, entstehen schöne Schneekristalle. Weitere Wassermoleküle können dann am besten andocken. Sie pappen sich an die sechs Kanten und somit wachsen kleine Ärmchen. Kleinste Temperaturunterschiede verändern den Stern. Ist die Luft klirrend kalt und klar, kann so ein Kristall gar heil den Boden erreichen. Meistens kommen jedoch nur zerstörte Kristalle am Boden an, die von Regentropfen oder anderen Eisstückchen gerammt worden sind und dabei zu dicken Schneeflocken verkleben. Diese Schneeflocken lagern sich dann am Boden ab und bilden in einer Niederschlagsperiode eine Schneeschicht. Die Art der Schneeschichten (Schneedeckenaufbau), die Schneehöhe (in einer Niederschlagsperiode), die Temperatur, der Wind und das Gelände sind dann die entscheidenden Faktoren für die Lawinenentstehung.

Die Schneeschicht oder bei mehreren Niederschlagsperioden mehrere Schneeschichten bilden die Schneedecke. Auf die Schneedecke wiederum wirken folgende äußeren Einflüsse ein:

- Niederschlag (Schnee/Regen)
- Wind
- Strahlung
- Temperatur

Grundlegende Naturfaktoren für die Lawinenentstehung
- Schnee (Neuschneemenge/Schneedeckenaufbau)
- Wind
- Temperatur (Wetter/Strahlung)
- Gelände

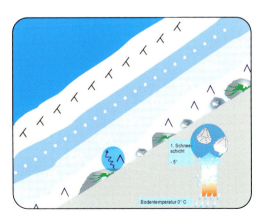

8.1. SCHNEEKUNDE

Faktor Schnee (Neuschneemenge):
Zur Einschätzung der Lawinengefahr ist die Neuschneemenge in Verbindung mit Wind, Temperatur und der vorhandenen Altschneedecke eine entscheidende Größe. Zur Bewertung der gefallenen Schneemenge einer Niederschlagsperiode (= 1 bis 3 Tage) kommt es auf die Bedingungen während des Schneefalls und unmittelbar danach an. Hierzu wird zwischen günstigen und ungünstigen Bedingungen unterschieden. Herrschen ungünstige Bedingungen, so kann schon eine Neuschneeschicht von 10 bis 20 cm kritisch werden.

Ungünstige Bedingungen	Günstige Bedingungen
■ Starker Wind (um 50 Km/h = Rauschen im Wald /Pfeifen um die Hütte)	■ Kein Wind
■ Schmelzharsch, Reif, Blankeis	■ Temperatur wenig unter 0°C, bei Schneefall
■ Sehr alte Schichten	■ Regen, in Schnee übergehender Schneefall (= Pappeffekt)

Neuschneemenge + Bedingungen sind entscheidend

Kritische Neuschneemengen, gefallen in 1–3 Tagen
- 10–20 cm bei ungünstigen Bedingungen
- 20–30 cm bei gemischten Bedingungen
- 30–60 cm bei günstigen Bedingungen

Dem Bruch einer Schneeschicht wirken Festigkeiten entgegen. Die Festigkeit wiederum hängt ab von der Dichte, der Kornform und -größe, der Temperatur und der Feuchte und von der Deformationsgeschwindigkeit. Man spricht von Druck-, Zug- und Scherfestigkeiten, aber gleichzeitig von Druck- Zug und Scherspannungen. Die Schneedecke ist stabil, solange die Festigkeit größer oder gleich den Spannungen ist.

$$\text{STABILITÄT} = \frac{\text{Festigkeit}}{\text{Spannung}}$$

Der Skifahrer oder Snowshoer erhöht durch Betreten der Schneedecke die Spannungen. Die Natur verändert die Festigkeiten sowohl positiv als auch negativ. (z. B. Gefrieren versus Schmelzen/aufbauende versus abbauende Umwandlung usw.)

Faktor Wind:
Der Wind gilt als Baumeister hauptsächlich von Schneebrettlawinen, weil er für Schneeverfrachtungen von frisch gefallenem aber auch älterem Schnee sorgt.
Durch den Wind werden die Schneekristalle zerkleinert, also strukturverändert, verfrachtet und als gebundener Schnee an der windabgewandten Seite abgelagert. Windverfrachteter Schnee ist Packschnee, d.h. mehr Schnee und strukturveränderter Schnee wird auf gleichem Raum durch den Wind hingepackt. So wird zum Beispiel bei einer Windstärke von 30 km/h auf der Leeseite (= windabgewandte Seite) die doppelte Menge an Schnee abgelagert, bei Wind von 50 km/h wird ungefähr die 3-fache Menge abgelagert. 25 cm Neuschnee auf der Windseite (= Luv) lassen einen Rückschluss von 75 cm auf der Leeseite zu.

Strukturveränderungen der Schneekristalle durch Wind:

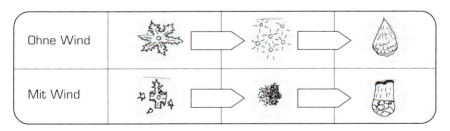

Die Windzeichen der Natur geben den Snowshoern die Hinweise, ob der Schneefall unter Wind stattgefunden hat und wo die gefährliche Seite ist:

8.1. SCHNEEKUNDE

Wächten: Je stärker der Wind, desto größer die Triebschneeansammlung

Anraum:

Windgangeln: Die lawinengefährdetere Seite ist die windabgewandte Seite

Schneefahnen im Gipfelbereich:

Faktor Temperatur:

Wesentliche Faktoren für die Lawinenentstehung sind Temperatur, Kälte, Warmluft und Sonneneinstrahlung. Diese beeinflussen massiv die Umwandlungsvorgänge in der Schneedecke und diese Umwandlungsvorgänge wiederum sind mitentscheidend für die Lawinensituation.

Innerhalb der Schneedecke kommt es zu folgenden Umwandlungsprozessen:
- Abbauende Umwandlung
- Aufbauende Umwandlung
- Schmelzumwandlung

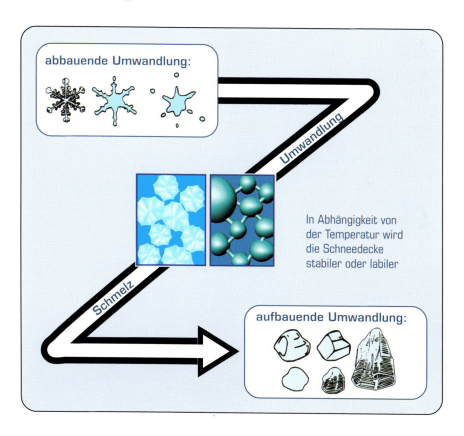

Massive Erwärmung führt zu kritischen Situationen, ist jedoch in seiner Auswirkung gut einzuschätzen. Langsame, maßvolle Erwärmung fördert die Schneedeckensetzung und somit die Bindung zwischen den Schichten.

Erwärmung bei Tag und Abkühlung bei Nacht sorgt durch Gefrieren der Eisbrücken für eine ideale Verfestigung der Schneedecke, jedoch muss eine Verschärfung der Lawinensituation durch kräftige Sonneneinstrahlung insbesondere im Frühjahr beachtet werden.

Anhaltende, große Kälte fördert die Bildung von Schwimmschnee und Oberflächenreif (eingeschneite Schwachschicht) und fördert somit die Lawinengefährdung.

Faktor Gelände:

Geländeformen

Geländeformen beeinflussen die Lawinenbildung dadurch, dass durch die Geländestruktur einerseits die Spannungen in der Schneedecke verschärft oder entschärft werden und andererseits durch sie das Ausmaß der Schneeverfrachtungen entscheidend beeinflusst wird.

Die Schneedecke steht unter Druck-, Zug- und Scherspannungen. Durch die Geländeform werden diese Spannungen erhöht. Während die Geländesteilheit primär Auswirkung auf die Scherspannung (= Spannung zwischen den Schneeschichten) hat, wirken Buckel regelmäßig zugspannungserhöhend. Tritt nun ein Snowshoer oder eine ganze Snowshoeing Gruppe auf die Schneedecke, so wird diese Spannung im ungünstigsten Fall so erhöht, dass die Spannung die Stabilität übertrifft. Es kommt zu einem Lawinenabgang.

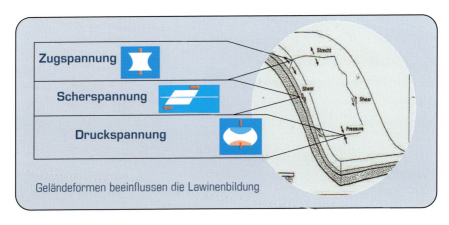

Lawinenfördernd sind grundsätzlich Rinnen und Mulden.
Diese Geländeformen fördern die Triebschneeablagerungen im Lee und Pressschneeablagerungen im Luvbereich, da der Schnee im Kern die Geländeunebenheiten ausgleicht und eine plane Fläche bildet.
Lawinenhemmend sind Rippen und Rücken, da es hier kaum zur Triebschneeansammlung kommen kann.

Exposition

Die Hangausrichtung (= Exposition) bedingt die Einwirkungsmöglichkeiten der Sonne auf die Schneedecke und somit den Schneedeckenaufbau. In Schattenhängen setzt sich die Schneedecke wegen der geringeren Sonneneinstrahlung sehr langsam, wodurch die vorhandene Gefahr länger erhalten bleibt und neue Gefahr entstehen kann. Südhänge haben eine längere Sonneneinstrahlung und damit in der Regel einen günstigeren Schneedeckenaufbau. Aus diesem Grund werden die Hänge zur Bewertung in günstige und ungünstige Expositionen eingeteilt.

Die Hangexposition beeinflusst die Lawinenbildung

Hangneigung

Die Steilheit eines Hanges ist eine der drei Voraussetzungen zur Bildung eines Schneebrettes.
Aus diesem Grund ist dieser Faktor sehr bedeutend für die Entscheidung darüber, ob eine Tour möglich oder nicht möglich ist.

Hänge über 30° werden im Lawinenlagebericht als Steilhänge bezeichnet. Allgemein lässt sich sagen, je steiler der Hang, umso leichter können Lawinen ausgelöst werden. Ein Verzicht auf steile Hänge minimiert daher das Lawinenrisiko. Dieses Verzichtselement ist bei allen Entscheidungsstrategien wiederzufinden und es gibt völlig klare Limits.

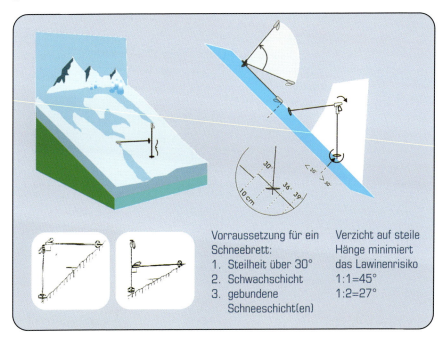

Vorraussetzung für ein Schneebrett:
1. Steilheit über 30°
2. Schwachschicht
3. gebundene Schneeschicht(en)

Verzicht auf steile Hänge minimiert das Lawinenrisiko
1:1=45°
1:2=27°

Gefahrenstufe 2 LLB mäßig	Gefahrenstufe 3 LLB erheblich	Gefahrenstufe 4 LLB groß
Maximale Steilheit unter 40°	Maximale Steilheit unter 35°	Keine Bewegung abseits gesicherter Pisten, wenn doch, nur unter 30° Steilheit

8.2. Lawinenkunde

Es gibt zwei grundsätzliche Arten von Lawinen:

Lockerschneelawinen	Schneebrettlawinen

Die Entstehung von Lockerschneelawinen geschieht bei trockenem Neuschnee durch die abbauende Umwandlung und somit dem Verlust der günstigen Verzahnung. Kennzeichnend ist die punktförmige Auslösung mit birnenförmiger Ausbreitung.	Eine windgepresste Schneefläche gleitet auf einer darunter liegenden (meist weichen) Schicht ab. Die durchschnittliche Geschwindigkeit beträgt ca. 80 km/h) Sie hat einen flächenförmigen Anriss und bildet für den Snowshoer die größere Gefahr, wenn er selbst Auslöser der Lawine ist. Der Grund liegt im Auslösemechanismus. Während sich bei der Lockerschneelawine der Schnee unterhalb des Schneeschuhgehers in Bewegung setzt, befindet er sich beim Auslösen eines Schneebrettes meist schon in der abgleitenden Schneeschicht, da sich der Abriss meist oberhalb des Auslösers befindet.

Die beiden Lawinentypen werden weiterhin nach äußeren Merkmalen eingeteilt wie z. B. Anriss, Gleitflächen und Bewegungsform. Meist kommt es zu Mischformen, so kann eine Lawine als Schneebrett oder Lockerschneelawine beginnen, aber sich ab einer gewissen Geschwindigkeit zu einer Staublawine entwickeln.

Staublawine:
Die Auslösung erfolgt als Schneebrett oder Lockerschneelawine, die sich im Verlauf zu einer tödlichen Wolke mit hoher Zerstörungskraft entwickelt. Geschwindigkeiten bis 350 km/h des feinen Schnee-Luftgemisches mit wenig Schneeanteil sind möglich. Die Zerstörungskraft bewirkt hauptsächlich der Luftdruck (vgl. mit der Zerstörungskraft eines Wirbelsturmes). Die Hauptgefahr für den Menschen besteht hierbei im Schnee-Luftgemisch, das – wenn es in die Lunge gepresst wird – den Erstickungstod hervorruft. Die Staublawine ist unberechenbar

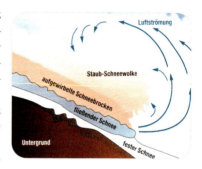

Fließlawine:
Diese Lawine ist berechenbar und ist die typische Frühjahrslawine. Matschiger Schnee fließt als Strom langsam talwärts. Die üblichen Bahnen sind bekannt, daher oft verbaut, gesperrt oder gemieden.

Flächenlawine:
Ein großflächiger Abgang der Schneedecke mit einer flächigen Bahn ist kennzeichnend für diese Lawine.

Runsenlawine:
Im Gegensatz zur Flächenlawine hat die Runsenlawine eine rinnenförmige (Runse) Bahn.

Oberlawine:
Eine oder mehrere Schichten der Schneedecke gehen ab, es bleibt jedoch mindestens eine Schneeschicht auf Grund liegen.

Bodenlawine:
Bei der Bodenlawine gleitet die komplette Schneeschicht bis zum Boden ab.

8.3. Risikomanagement

Die Erkenntnis, dass es bei alpinen und subalpinen Schneeschuh- und Skitouren keine 100%ige Sicherheit geben kann und vielmehr immer ein Restrisiko bleiben wird, erfordert die Bereitschaft, mit diesem Risiko umzugehen. Das „Risikomanagement" erlangt beträchtlichen Stellenwert. Das bedeutet: 1. Analyse, 2. Bewertung, 3. Risikosteuerung (= Behandlung von Risiken) und 4. Risikoüberwachung. Komplexe Situationen müssen so bewältigt werden, dass ein verbleibendes Restrisiko akzeptiert werden kann. Grundsätzlich kann auf vier verschiedene Arten mit Risiko umgegangen werden:
1. Risikovermeidung (dies würde im Schneeschuhbereich keine Touren bedeuten)
2. Risikotransfer (z. B. Abwälzen des Risikos auf Versicherungen im wirtschaftlichen Bereichen/für Schneeschuhtouren nicht anwendbar)

3. Risikoakzeptanz (bewusste Inkaufnahme des Risikos/nur bei geringem Risiko zu empfehlen)
4. Risikominderung (Reduzierung des Risikos durch Maßnahmen).

Das Risiko in alpinem Gelände ist nicht gänzlich vermeidbar, aber es ist durch verschiedene Maßnahmen minimierbar. Für das Risikomanagement bezüglich der alpinen Gefahr „Lawine" bleibt daher letztendlich im Bereich der Risikosteuerung nur die Risikominderung. Hierzu werden Bereiche, die durch uns beeinflussbar sind, ausgedehnt und Bereiche, die durch uns nicht beeinflussbar sind, minimiert. Die Risikoverminderung wird zum einen durch Senkung der Eintrittswahrscheinlichkeit forciert, zum anderen durch Senkung des Schadensausmaßes. Während das Schadensausmaß bei einem Lawinenabgang z. B. durch effektive Kameradenrettung minimiert werden kann, so wird die Eintrittswahrscheinlichkeit eines Lawinenabganges durch die Anwendung von verschiedenen Entscheidungsstrategien herabgesetzt. Man kann z. B. durch gezielte Tourenplanung riskante Hänge, die im Regelfall zu steile Hänge und Schattenhänge sind, meiden. Eine strukturierte Grundlage zur Minimierung der Eintrittswahrscheinlichkeit bilden neben der klassischen (analytischen) Lawinengefahrenbeurteilung (= Profile/Blöcke/Behelfsmethoden ...) die Entscheidungsstrategien. Derzeit sind folgende *vier Entscheidungsstrategien* anerkannt, auf die später noch detaillierter eingegangen wird:

1. 3x3 Filter- und Reduktionsmethode (nach Werner Munter)
2. Snow Card und Faktorencheck (DAV, nach Martin Engler und Jan Mersch)
3. Stop or Go (ÖeAV)
4. Reduktion des Lawinenrisikos (SAC, nach Stephan Harvey)

Die Basis aller Entscheidungsstrategien allerdings bildet der Lawinenlagebericht.

Der Lawinenlagebericht
Die Informationen aus 20 Schneemessfeldern (14-tägige Schneedeckenuntersuchung, zeitlich gestaffelt), 16 automatischen Messstationen (rund um die Uhr), insbesondere aber von ehrenamtlichen Mitarbeitern an derzeit

fünf festen Beobachtungsstationen (tägliche Datenlieferung ca. 6.00 Uhr) und ca. 50 ehrenamtlichen Helfern an Mess- und Beobachtungsstellen laufen in Bayern in der Lawinenwarnzentrale zusammen und bilden die Basisdaten für den überregionalen Lawinenlagebericht. Der Lawinenlagebericht ist eine zusammenfassende Beschreibung der Lawinensituation und untergliedert sich in vier Abschnitte:

1. Allgemeines
2. Schneedecke
3. Beurteilung der Lawinengefahr
4. Hinweise

Unter **Allgemeines** wird auf wetterkundliche Kerndaten eingegangen wie z. B. Neuschneemengen, Windverfrachtungen und die Nullgrad- bzw. Schneefallgrenze.

Der zweite Abschnitt beschreibt den Aufbau und die Entwicklung der **Schneedecke**. Insbesondere auf Schwachschichten in der Schneedecke wird hierbei hingewiesen.

Der Abschnitt **der Lawinengefahr** weist die Gefahrenstufen nach der Europäischen Lawinengefahrenskala aus, sowie die Gefahrenstellen unter Berücksichtigung von Gelände, der Höhenlage und der Hangexposition.
(Es gibt die Gefahrenstufen: 1= gering, 2 = mäßig, 3= erheblich, 4 = groß, 5 = sehr groß)
Ein Verweis auf die Auslösewahrscheinlichkeit schließt diesen Part ab. Dabei wird auf die Zusatzbelastungen eingegangen, die zur Lawinenauslösung führen können:

Große Zusatzbelastung = zwei oder mehrere Schneeschuhgeher, ...

Geringe Zusatzbelastung = ein Schneeschuhgeher, ...

Der letzte Abschnitt gibt ergänzende *Empfehlungen und die Tendenz* der weiteren Entwicklung an.

Der Lawinenlagebericht steht täglich ab 7.30 Uhr abrufbar an folgenden Stellen zur Verfügung:
- Telefonansageband: 089/9214-1210
- Videotextprogramm Bayerisches Fernsehen, Tafel 646
- www.lawinenwarndienst.bayern.de

> Der Lawinenlagebericht ist Basis für jede Entscheidungsstrategie

Der Lawinenlagebericht besitzt überregionalen Charakter.
Den lokalen Verhältnissen kann er nur selten Rechnung tragen. Das heißt, der Lawinenlagebericht kann dem Schneeschuhgeher vor Ort nicht die Eigenverantwortung für eine Entscheidungsfindung abnehmen.

Welche Entscheidungsstrategie zur Anwendung kommt, ist letztendlich eine persönliche Entscheidung. Für den unbedarften Nordic Snowshoeing Trainer des DSV wird die SnowCard im Level A ausgebildet und empfohlen, da diese Anwendung wenig Vorkenntnisse voraussetzt und einen hohen Eingangswiderstand hat.

> Es ist entscheidender eine Strategie zu beherrschen und konsequent anzuwenden, als vier nur zu kennen
>
> Aus: Infoflyer Lawinenwarnzentrale Bayern

8.3. RISIKOMANAGEMENT

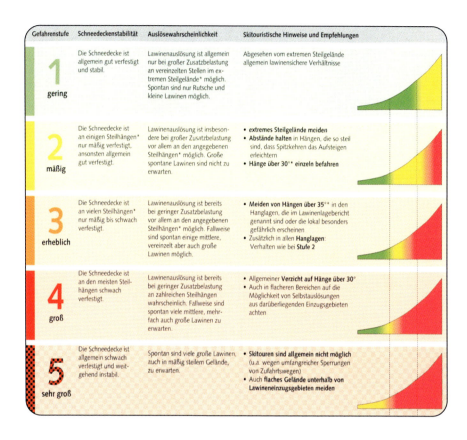

Grundsätzlich ist es entscheidender, eine Strategie zu beherrschen, als über alle vier ein Halbwissen zu haben. Neben den konventionellen Beurteilungsverfahren haben sich – wie oben erwähnt – vier Entscheidungsstrategien herausgebildet, die im Folgenden in den Basics vorgestellt werden:

Die 3 x 3 Filter- und Reduktionsmethode (Werner Munter)

Durch eine systematische Informationssammlung und Informationsauswertung wird bei der 3x3 Filtermethode das Risiko eines Lawinenabganges auf ein erträgliches Maß reduziert.

Dabei werden die Faktoren
- Schnee- und Wetterverhältnisse
- Gelände
- Mensch

durch die Filter
- regional
- lokal
- zonal

betrachtet.

	Schnee/Wetter	Gelände	**Mensch**
Tourenplanung Zu Hause/ im Stützpunkt = **regionaler Filter**	LLB Wettervorhersage	Kartenauswertung – Azimut – Höhe – Entfernung – steilste Stelle Literatur/Fotos	Zuständigkeit mögliche Probleme *(gedankliche Vorbereitung auf Maßnahmen bei Schlüsselstellen)* Reserven *(für kritische Situationen)* Kondition/Anzahl Ausrüstung/ Ausbildung
Routenwahl und Spuranlage unterwegs *(Auge/ Fernglas)* = **lokaler Filter**	Windzeichen Temperaturverlauf Sicht Bewölkung Schneehöhe	Rinne oder Kante/Rippe Was ist über/ unter mir Vegetation Steilheit	Disziplin Anzahl Andere Gruppe Kontrolle *(LVS...)* Ausrüstung Zeitplan Stimmung
Einzelhangbeurteilung = **zonaler Filter**	Alarmzeichen (Wumm / Spurkeil) Neuschnee (Höhe), oder gebunden Windzeichen	Geländeform Rinne oder Rippe? Wo ist Norden? Was ist über/ unter mir? Wächten? Steilste Stelle	Zustand der Teilnehmer sturzfreies Gehen Ja/Nein? Kondition Abstände Sammelplätze Finish Syndrom?

Als Kontrollinstrument zur Entscheidung hat Werner Munter die Reduktionsformel kreiert. Die Gefährdungspotenzialzahl aus dem Lawinenlagebericht wird in ein Gefahrenpotenzial umgewandelt und mit Hilfe der Reduktionsformel das Restrisiko errechnet. Ist dies kleiner gleich 1, so kann die Tour gegangen werden.

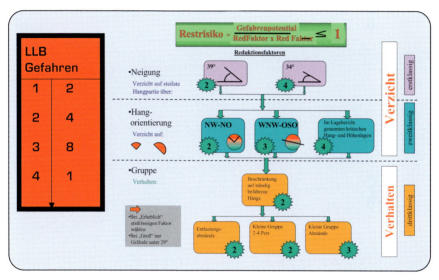

Es können bis zu vier Reduktionsfaktoren verwendet werden, die wie folgt entnommen werden: Je ein Faktor aus der Gruppe Steilheit (erstklassig) und aus der Gruppe Exposition (zweitklassig) und zwei weitere Faktoren aus der Gruppe Verhalten (drittklassig).

Zum vereinfachten Schnellcheck hat Munter die sog. BIERDECKELMETHODE entwickelt, nach der je nach angegebener Lawinenwarnstufe des Lawinenlageberichtes eine bestimmte Anzahl von Bonuspunkten zu erreichen ist.

SNOW CARD

(www.av-snowcard.at)

Die Snow Card stellt das Risiko visuell dar. Mit Hilfe der Faktoren Steilheit, Exposition und Gefahrengrad aus dem Lawinenlagebericht kann das Risiko eingeschätzt werden. Es existieren drei Könnerlevels, wobei das Level A einen sehr hohen Eingangswiderstand besitzt und wenig Kenntnisse voraussetzt. Für die Anwendung der Snow Card sind drei Informationen notwendig:

1. Ist die Hangrichtung günstig oder ungünstig?
2. Wie steil ist die steilste Stelle der geplanten Tour? (Einzugsbereich nach Gefahrenstufe)
3. Welche Gefahrenstufe liegt nach dem Lawinenlagebericht vor?

Die visuelle Darstellung des Hologramms der Snow Card unterscheidet zwischen günstiger und ungünstiger Exposition. Als ungünstig gelten allgemein die Expositionen Nord, Nord-Ost und Nord-West, im Speziellen die im LLB

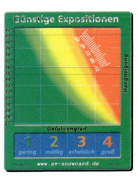

genannten ungünstigen Bereiche. Als günstige Exposition gelten allgemein die Expositionen Süd, Süd-Ost und Süd-West, im Speziellen die im LLB angegebenen günstigen Bereiche.

 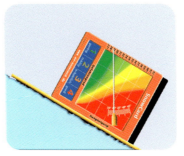

Ebenso ist aus der Karte die größte Hangsteilheit der geplanten Tour zu entnehmen.

Dies geschieht durch Anlegen des Neigungswinkels im rechten Winkel an den engsten Höhenschichtlinien im Einzugsbereich der Tour. Auf Tour kann dies durch den Gebrauch des Winkelmessers der Snow Card im Gelände verifiziert und überprüft werden.

Der Lawinenlagebericht gibt die dritte notwendige Auskunft über die aktuell herrschende Gefahrenstufe. Nachdem die Informationen eingeholt sind, wird der Gefahrengrad aus dem Lawinenlagebericht auf der waagrechten

Anwendungsbeispiel:
Level A (= ungünstige Exposition)

LLB = 3
Steilheit = 35°
Exposition = ungünstig

Der Schnittpunkt liegt im roten Bereich, daher ist das Risiko eines Lawinenabganges groß

Achse der zutreffenden Snow Card (günstige oder ungünstige Exposition) und die Hangsteilheit auf der senkrechten Achse der Snow Card abgelesen und die gedachten Linien zum Schnittpunkt gebracht. Am Schnittpunkt dieser beiden Linien kann nun der durchschnittliche Gefahrengrad der geplanten Tour abgelesen werden.

> **Ist der Schnittpunkt im grünen Bereich, so kann die Tour gegangen werden.**

> **Ist der Schnittpunkt im gelben Bereich, sind Vorsichtsmaßnahmen (wie z. B. Entlastungsabstände) erforderlich.**

> **Ist der Schnittpunkt im roten Bereich, so darf die geplante Tour keinesfalls begangen werden, da das Risiko einer Lawinengefährdung zu hoch wäre.**

Bei allen Entscheidungsstrategien ist der Einzugsbereich, also der Bereich der für das Risikomanagement zu bewerten ist, abhängig vom Gefahrengrad nach dem Lawinenlagebericht.

Gefahrengrad:	Einzugsbereich:
Gering (1)	Unmittelbarer Spurbereich
Mäßig (2)	Bereich von 20–40 m um die Spur
Erheblich (3)	Gesamter Hang
Groß (4)	Auch benachbarte Hänge (Geländekammer)

Stufe 1   Stufe 2   Stufe 3   Stufe 4

Stop or Go (www.alpenverein.at)
Stop or Go ist eine vom österreichischen Alpenverein erstellte Entscheidungsstrategie. Alle das Risiko mindernden Handlungsanweisungen sind im Checklistensystem für die Bereiche Planung, Aufstieg und Abfahrt aufgelistet. Ferner sind zwei Checks durchzuführen. Check 1 ist eine Art „Munter-Baustein", der Verzichte von Hangsteilheiten in Bezug auf den Gefährdungsgrad aus dem Lawinenlagebericht vorsieht. Check 2 sieht ein Wahrnehmen der Faktoren Neuschnee, Triebschnee, Lawinen, Durchfeuchtung und Setzungsgeräusche vor. Werden diese Gefahrenzeichen als „gefährlich" bewertet, so ergibt sich daraus das „Stop" (= Abbrechen der Tour oder Umgehen der Gefahrenstelle).
Bei der Stop or Go Entscheidungsstrategie wird im Gegensatz zu Munter oder der Snow Card nicht das Risiko bewertet, sondern eine Situation nach vorgegebenen Gesichtspunkten beurteilt, um daraus unmittelbar die Handlungskonsequenz (= Stop or go) abzuleiten. Die Stärke dieses Systems liegt in der Balance zwischen klaren, effektiven Vorgaben und individueller erfahrungsorientierter Beurteilung.

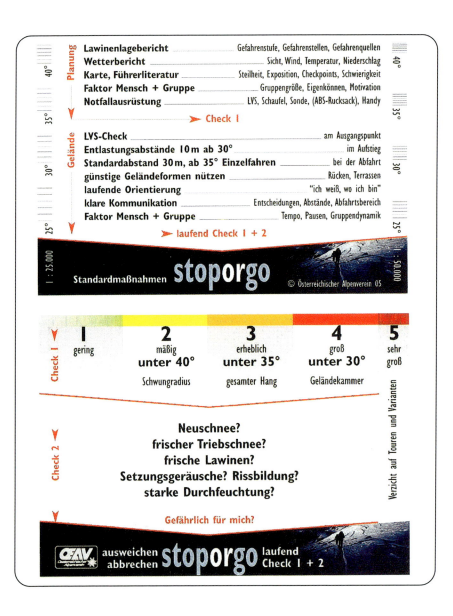

8.3. RISIKOMANAGEMENT

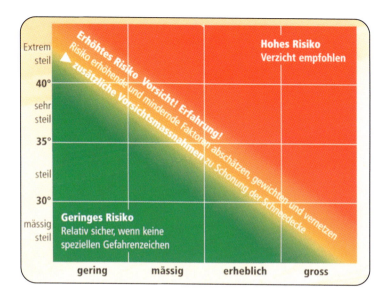

Reduktion des Lawinenrisikos: (www.sac-cas.ch.)

Die Planungs- und Entscheidungshilfe des SAC basiert auf einer elementaren Reduktionsmethode und dem 3x3 Filterelement von Werner Munter. Anhand einer Ampel- Skalierung (grün-gelb-rot) ist ersichtlich, welche Hangneigungen im Bezug zur Gefahrenstufe des Lawinenlageberichtes noch begangen bzw. befahren werden können. Die Risiko erhöhenden Faktoren werden wie die Risiko mindernden Faktoren schlagwortartig aufgelistet.

Entwicklungen im Risikomanagement

Scannen:

Im Bereich der Technik wird eine immer präzisere Vorhersage angestrebt. Mit einer Art Scan-Technik der Universität Wien wird daran gearbeitet mit einem Scanner eine Schneedeckenvermessung durchzuführen. Dadurch wird das Problem Triebschnee lokalisiert, indem der Vergleich des Scan-Sommer mit dem Scan-Winter die Schneehöhe und den Triebschnee ergibt. Das Zusammenführen von Scan + Schneeprofile + Messdaten (Neigungs-

winkel zur Sonne) ergibt auf technischem Weg die Schwachstellen im Schnee. Diese Art des Risikomanagements steckt derzeit noch in den Anfängen und stellt die Zukunftsvision der Lawinengefahrenbeurteilung dar.
Im Bereich des konventionellen Risikomanagements wird derzeit das Tool der systematischen Schneedeckenanalyse verfolgt, um Gefahren zu erkennen und zu bewerten.

Systematische Schneedeckenanalyse

Sie besteht aus den Teilbereichen:
- Vereinfachtes Schneeprofil
- Prozessdenken
- Gefahrenbeurteilung

Vereinfachtes Schneeprofil
Darunter versteht man einen 40x40 cm Block mit maximal einem Meter Tiefe. Bei einem leichten Klopfen mit der Lawinenschaufel von oben nach unten kann man eine Schwachschicht erkennen (= kleiner Rutschblock).

Prozessdenken
Da man nicht überall vor Ort die Schneedecke analysieren kann, hat man sich im Bereich der Lawinenkommissionen auf Prozesse konzentriert, die direkt in der Schneedecke vor sich gehen. Denn solche Prozesse finden nicht nur an einer bestimmten Stelle statt, sondern auch großräumig auftreten. Zum Beispiel wird bei einem Schneeprofil in einem Nordhang auf einer bestimmten Höhe eine Eislamelle festgestellt. Der Grund hierfür könnte Regen und anschließendes Gefrieren gewesen sein. Der Prozess des Regens und des Gefrierens kann also auch auf den umliegenden Bereich des Schneeprofils übertragen werden; nur durch das Prozessdenken kann also das Vorhandensein der Eislamelle auf den Hang übertragen werden. Diese Herangehensweise kann ohne weiteres auch auf andere Witterungserscheinungen übertragen werden, z. B. auf die Harschschicht, auf die sich aufbauende Umwandlung unter einer Harschschicht, auf kalten Pulver auf einer Eisschicht usw..

8.3. RISIKOMANAGEMENT

Gefahrenbeurteilung
Die Gefahrenbeurteilung beruht auf einem Vergleich des Ist-Zustandes der Schneedecke bzw. dem Vergleich der vorhandenen Schwachschichten mit den vier ungünstigsten Eigenschaften von Schwachschichten allgemein. Diese vier ungünstigsten Eigenschaften sind:

Eine Schwachschicht bricht leicht (Test durch den kleinen Rutschblock). Mit dem kleinen Blocktest lässt sich der Schneeblock bereits mit leichter Berührung verschieben. Die Bruchfläche zeigt sich glatt. Die richtige Einschätzung erfordert etwas Übung und Erfahrung.

Die Schwachschicht ist dünn. In der Lawinenkunde wird zwischen setzen und kriechen unterschieden. Die oberflächennahe Schicht bewegt sich schneller als eine bodennahe Schicht. Befindet sich nun eine Schwachschicht, z.B aufbauend umgewandelte Kristalle dazwischen, so können die dabei entstehenden Spannungen durch eine dicke Schwachschicht besser aufgenommen werden als durch eine dünne Schwachschicht. Bei ca. 65% der untersuchten Lawinenunfälle in der Schweiz handelte es sich um eine Schwachschicht, die 2 cm und kleiner war.

Die Schwachschicht ist bis zu einem Meter unter der Schneeoberfläche. Die Kräfte, die ein Snowshoer verursacht, nehmen in der Schneedecke mit der Tiefe rapide ab. Je weiter eine Schwachschicht unten ist, umso größer muss die Belastung sein, um diese zu stören. Aus diesem Grund reicht eine Schneedeckenuntersuchung bis 100 cm regelmäßig aus.

Die überlagernde Schicht ist weich. Je weicher der Schnee ist, desto weiter ist die Einsinktiefe des Snowshoers. Dies bedeutet, dass weichere Schichten als Folge des stärkeren Einsinkens in der Tiefe zu größeren destabilisierenden Kräften führen, da er dadurch näher an eine Schwachschicht herankommt. Die Schneedecke wird in diesem Fall also sehr ungünstig belastet. Im weichen Schnee wirken die vom Schneeschuhgeher ausgehenden Kräfte auf die Schneedecke nur in einem begrenzten Umfeld. Je härter die Schichten sind, umso mehr verteilen sich die einwirkenden Kräfte in die Breite. Bei einem tragenden Harschdeckel werden die Kräfte addiert, wenn mehrere Personen ohne Abstände unterwegs sind.

Lawinenrettung:
Die Überlebenswahrscheinlichkeit eines Lawinenverschütteten ist innerhalb der ersten 15 Minuten relativ hoch. Aus diesem Grund ist es für jeden Snowshoer einer Tourengruppe erforderlich die persönliche Notfallausrüstung zu tragen, aber auch deren Handhabung und die Suchstrategien zu beherrschen. Nur durch eine schnelle Kameradenhilfe kann bei einer Verschüttung eine reelle Chance für den Verschütteten bestehen, den Lawinenunfall ohne bleibende Schäden zu überleben.

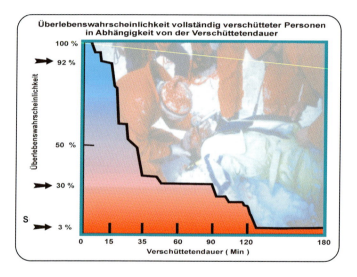

Suchstrategie:
Zur Minimierung der Suchzeit wird das Suchgebiet bei einem beobachteten Lawinenabgang zunächst eingegrenzt. Die gedachte Linie vom Erfassungspunkt zum Verschwindepunkt ergibt den primären Suchbereich im Staubereich der Lawine. Hier setzt zunächst die Augen- und Ohrsuche ein. Ist diese erfolglos, so beginnt die Verschüttetensuche mit dem technischen Mittel: das VS-Gerät kommt zum Einsatz. Bei der VS-Suche bezeichnet man die Suche mit dem Gerät bis zum ersten Signal als Grobsuche. Hierbei wird das eigene VS-Gerät auf Suchen gestellt und bei der Suche durch einen Einzel-

8.3. RISIKOMANAGEMENT

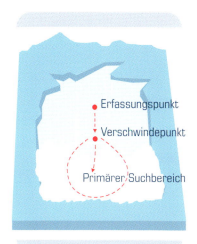

Suchbereich

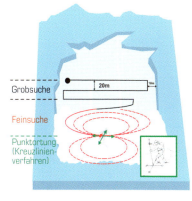

Einzelsuche

nen das Lawinenfeld in einer Art Serpentinengang abgesucht, bis das Gerät ein Signal empfängt. Sind mehrere Sucher zur Verfügung, so gehen diese im Abstand von ca. 20 m parallel über das Lawinenfeld bis ein Signal aufgenommen wird.

Die Phase ab Signalaufnahme bezeichnet man als Feinsuche. Das heute übliche Suchverfahren ist das Feldlinienverfahren. Hierbei wird dem Signal nachgegangen, man bewegt sich sozusagen auf einer Feldlinie zum Sendegerät. Analoge VS-Geräte werden dabei in der Lautstärke immer wieder zurückgestellt und der Sucher wird so zum Verschütteten geführt. Bei digitalen Geräten wird meist mit Meterangaben gearbeitet, d. h. auf dem Display erscheint die Entfernung zum Verschütteten in m und die Lenkung des Suchers zum Ziel erfolgt mit Ton und Meterangabe.

Ist der Sucher auf 2–3 m (digitale Anzeige) oder mit der kleinstmöglichsten Lautstärkeneinstellung (analoges Gerät) zum Verschütteten gekommen, so beginnt die Punktortung. Dabei wird das Suchtempo verlangsamt, das LVS-Gerät direkt über der Schneeoberfläche bewegt und das Gerät nicht mehr geschwenkt oder gedreht. Der Sucher führt das Gerät auf einer Achse geradlinig weiter, bis er ein deutlich schwächeres Signal bekommt. In der Mitte des Bereiches mit dem stärksten Signal (kleinster Wert oder lautester Ton) wird dieses Vorgehen auf einer rechtwinklig zur ersten Achse verlaufenden Achse wiederholt. Dieses Verfahren bezeichnet man als Kreuzlinienverfahren. In der Mitte des Bereiches wird nun ein Stockkreuz aufgelegt und systematisch von der Mitte beginnend ca. alle 20 cm sondiert. Trifft man mit der Sonde auf den Verschütteten, beginnt das Ausschaufeln.

Drei-Kreis-Methode:
Sind mehrere Sucher vor Ort und ist eine Mehrfachverschüttung vorhanden oder die Lage ist unklar, so wird mit der Suche nach weiteren Verschütteten fortgesetzt. Die sogenannte DREI-KREIS-METHODE ist hierzu eine einprägsame und für alle LVS-Geräte anwendbare Methode. Mit dem Radius der Sonde (ca. 3 m) geht der Sucher mit seinem auf Suchen gestellten VS-Gerät um den ersten Georteten. Anschließend schlägt er einen Kreis von 6 m und danach von 9 m. Empfängt er dabei ein neues Signal, wird diesem nachgegangen und der zweite Verschüttete lokalisiert. Bei analogen Geräten ist dabei die Lautstärke zurückzustellen; dies geschieht bei digitalen Geräten automatisch. Manche digitalen Geräte zeigen eine Mehrfachverschüttung direkt im Display an.

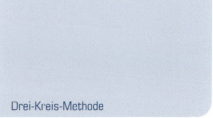

Drei-Kreis-Methode

8.3. RISIKOMANAGEMENT

Kameradenhilfe

Das Raster für eine Kameradenhilfe gibt einen Anhalt vor. Die Situation bei einem Lawinenabgang bestimmt jedoch, was letztendlich geschieht. Das folgende Raster der Kameradenhilfe gibt ein Gerüst vor, an dem man sich im Fall des Falles orientieren kann.

Lawinenabgang:	Beobachten von Erfassungs-Verschwindepunkt, dann primären Suchbereich eingrenzen	
Ein Helfer:	Augen- und Ohrsuche, dann VS-Suche	
Mehr Helfer:	Augen- und Ohrsuche, dann Aufgabenteilung: – VS-Suche, so viele Helfer wie nötig – Notruf absetzen – Schaufelmannschaft einteilen	Notrufe: Europäisch: 112 Deutsch: 19222 Österreich: 140 Schweiz: 1414
VS-Suche	Grobsuche/Feinsuche/Punktortung nach System	
Punktortung	Mund freischaufeln und Ersthelfermaßnahmen: ABC Atmung-Bewusstsein-Circulation	HLW 15/2 Methode 15x Push 2x beatmen 4 Zyklen
Bergrettung	WO, WER, WIE, WANN, WAS, ERREICHBARKEIT	
Bergung und Abtransport	Unterkühlung und Kreislauf beachten	

9. Interaktionen des Schneeschuhläufers mit der Natur

T. Luthe, Prof. Dr. R. Roth

9.1 Nordischer Sport birgt Konfliktpotential

Nordische Bewegungsformen sind sanfte Natursportarten, die im Gegensatz zu alpinem Skisport generell nicht anlagengebunden sind – also eigentlich keine gebaute Infrastruktur benötigen, was Lifte und Aufstiegshilfen sowie die Planierung von Pisten betrifft. Daher wird nordischer Sport als sanft bezeichnet, sanft zum Körper, ebenso zur Natur.

Trotzdem können Skilanglauf und davon abgeleitete Sportarten Umweltbelastungen hervorrufen. Ursachen dafür sind oftmals eine schlecht geplante Loipenführung, die mangelhafte Lenkung und Beschilderung oder nicht angepasstes Verhalten der Sportler. Insbesondere in den stark nutzungsüberlagerten Kammlagen der Mittelgebirge, wo oftmals Sportler, bedrohte Wildtiere und Verkehrswege auf engstem Raum zusammenkommen, können Konflikte zwischen Sport, Naturschutz und Tourismus bzw. Jagd, Land- und Forstwirtschaft entstehen.

9.2. Schutz von Natur, Pflanzen und Tieren – warum?

Warum trägt auch der Schneeschuhläufer Verantwortung für den Schutz der Natur? Es sei hier zunächst die **rechtliche Seite** genannt – Pflanzen, Tiere und ihre Lebensräume sind rechtlich nach dem Bundesnaturschutzgesetz Art. 16 und nach dem Tierschutzgesetz geschützt. Das freie Betretungsrecht der Landschaft gilt im Wald nur auf gekennzeichneten Wegen. Ein Betretungsverbot besteht in Aufforstungen bzw. Neupflanzungen sowie um Fütterungen.

Die Nutzung des Naturraumes und der „**Natur**" als solche ist die **Basis des Erlebnisses**, das der Schneeschuhläufer, ob allein oder in der Gruppe, bei der Sportausübung sucht und erwartet – dieses gilt es, **zu bewahren**. Aus dem Eigenanspruch an sich selbst als nordischer Sportler sollte man über die Tier- und Pflanzenwelt sowie die wichtigsten Zusammenhänge in der winterlichen Natur Bescheid wissen.

Warum aber sollten einzelne Tiere und Pflanzen geschützt werden? Auf ein Auerhuhn mehr oder weniger kommt es doch nicht an, könnte ein Unwissender bemerken?

Arten – egal ob Pflanzen oder Tiere – haben individuelle Ansprüche an ihren Lebensraum. Bedeutsam ist der Zusammenhang zwischen dem Lebensraum, der Größe und dem Überleben einer Population. Eine Art beansprucht einen gewissen Lebensraum, der in direkter Überlagerung mit Nutzungsflächen für nordische Sportler steht. Jedes Individuum der Art hat ein eigenes Revier, das es gegen Artgenossen verteidigt, womit sich der Lebensraumanspruch weiter erhöht. Zum Überleben einer Population gehört ein gesunder Genpool einer bestimmten Mindestgröße. **Sinkt die Zahl der Individuen** unter eine bestimmte Grenze, dann besteht das Problem der Inzucht, der **Genpoolverarmung** und der Anfälligkeit gegenüber Krankheit bis hin zur Unfruchtbarkeit.

Jede Schwächung und Verminderung der Zahl von Einzeltieren oder -pflanzen kann das Überleben der Gesamtheit gefährden. **Jede Störung** durch einen Sportler **ist** also demnach **bedeutend**.

- Je größer eine Population, desto stabiler im Überleben ist sie. Je isolierter und kleiner, desto gefährdeter ist sie.
- Das Überleben einer Art kann Auswirkungen auf andere Populationen im Sinne von Räuber-Beute-Beziehungen haben. Wird die eine künstlich dezimiert, kann die andere unkontrolliert wachsen, was wiederum zu Seuchen und Krankheiten führen kann – Beispiel sei hier der Fuchsbandwurm.
- Das Schicksal einer Population hängt wesentlich von dem Erfolg der Individuen ab, die ihr angehören.

Eine genetische Verarmung in der Natur, z. B. durch Störungen von gefährdeten Wildarten kann – aufgrund der vielfältigen Beziehungen und Vernetzungen in Ökosystemen – Auswirkungen auf den Menschen haben. Gesunde und funktionierende Ökosysteme sind genetisch stabiler – geschwächte Systeme können beispielsweise Mutationen von Krankheitserregern, die dann über Haustiere auch auf den Menschen übertragen werden könnten, oder Naturgefahren wie Überschwemmungen und Lawinen, nicht verhindern.

9.3. Besonderheiten im Winter

Schneeschuhläufer sind als solche natürlich nur im Winter bei ausreichender Schneelage in der Natur unterwegs – und zu dieser Jahreszeit entstehen die größten Konflikte zwischen Wald, Wild und anderen Interessensgruppen. Der Winter ist Ruhezeit für Pflanzen- und Tierwelt. Das Pflanzenwachstum wird zurückgefahren, die Nahrungsgrundlage für Wildtiere ist begrenzt. Zusätzlich erschwert teils hoher Schnee die Suche nach verbleibender Nahrung am Boden, und die Fortbewegung im tiefen Schnee verbraucht ein Vielfaches an Energie. Winterzeit ist Notzeit, und es ist von großer Bedeutung, dass Sportler ohnehin geschwächte Tiere nicht unnötig stören und aufschrecken.

> Der Winter wird auch als **energetischer Flaschenhals** bezeichnet – Tiere benötigen mehr Energie aufgrund niedrigerer Temperaturen und der hohen Schneelage, als die Vegetation aufgrund der Wachstumsruhe bieten kann.

Die Flucht im tiefen Schnee kostet Schalenwild, wie etwa Rehe oder Gämse, bis zu **60-mal mehr Energie als im Ruhebedarf**, Flugwild wie das Auerhuhn bis zu 20-mal so viel.

Viel Energiebedarf steht wenig Energieangebot gegenüber. Dieser Zustand erfordert Strategien:

- Wildtiere legen sich ein Winterfell oder -kleid zu
- eine Fettschicht wird aufgebaut
- sie schlafen in Schneehöhlen oder -mulden (Beispiel Schneehuhn)
- sie senken die Körpertemperatur ab und vermindern den Stoffwechsel.

Einige Tiere machen eine Winterruhe, aus der sie zeitweise aufwachen, andere einen Winterschlaf wie etwa das Murmeltier. Generell sind die Tiere inaktiver, um Energie zu sparen und daher besonders störanfällig durch die Menschen.

Das Stören und Aufscheuchen von Wild ist abhängig von der Distanz zwischen Tier und Mensch sowie der Art der Störung. Die **Reaktionsdistanz** ist die Distanz im Augenblick der ersten Reaktion des Wildes auf eine Störung, die **Fluchtdistanz** ist die Distanz zwischen Tier und Störobjekt beim Beginn der Flucht, und die **Fluchtstrecke** ist die beim Flüchten zurückgelegte Strecke. Die Störung durch einen ruhig daherlaufenden Schneeschuhläufer ist besonders groß, da das Wild ihn erst relativ spät wahrnimmt – die Reaktionsdistanz ist klein. Dann aber, beim plötzlichen Erscheinen nahe am Tier, ist die Fluchtstrecke besonders groß – und damit auch der Energieverlust.

> Untersuchungen mit Gämsen haben ergeben, dass ein Schneemobil Fluchtdistanzen um 130 Meter und Fluchtstrecken um 100 Meter hervorruft. Schneeschuhläufer dagegen bewirkten FD um 90 Meter und FS um 190 Meter.

Tiere können sich an Störungen **gewöhnen**, wenn diese sich zeitlich, räumlich und von der Intensität her regelmäßig wiederholen – Beispiel sind markierte Loipen und Wege, an die sich das Wild gewöhnt. Aber es kann im gegensätzlichen Fall auch eine **Sensitivierung** der Tiere erfolgen – sie können sensibler werden bei unregelmäßigen sich ändernden Störungen, z.B. Schneeschuhläufer, die sich abseits von ausgewiesenen Strecken im Wald bewegen. Richtiges Verhalten und Lenkung machen daher Sinn.

Gämse auf der Flucht in tiefem Schnee

9.4. Gefährdete Tierarten im Umfeld des Schneeschuhläufers

Schneeschuhläufer sind über einen großen Höhenbereich unterwegs, vom Flachland über das Mittelgebirge bis ins Hochgebirge. Sie bewegen sich somit in den Lebensräumen vieler Wildtiere. Generell gilt eine Gefährdung von Tieren im Winter durch Störung für alle Arten. Einige Wildtiere sind jedoch besonders empfindlich, da sie hohe Ansprüche an ihren Lebensraum stellen, und dieser Bereiche auch besonders attraktiv für Schneeschuhläufer sind. Solche Bereiche sind generell der Bergwald, dichter Wald, Waldränder, und lichter Wald im Bereich der Kammlagen von Mittelgebirgen und der Waldgrenze im Hochgebirge.

Das Hauptaugenmerk des Schneeschuhläufers sollte auf den **Schalenwildarten** Rotwild und Gamswild sowie auf den **Raufußhuhnarten** Auer-, Birk- und Schneewild liegen.
Auerhühner gehören wie Birk-, Schnee- und Haselhühner zu den Raufußhühnern. Diese Tiere zeigen besondere Anpassungen an kalte und schneereiche Biotope. **Auerwild** lebt in Höhen bis 1600 m in den Kammlagen der Mittelgebirge und in lichten, alten Bergwäldern mit einzelnen älteren Bäumen und viel Unterwuchs, der Kraut- und Strauchschicht. Die Atemöffnungen sind durch Federn geschützt, Beine und Füße sind zu zwei Dritteln befiedert. Die Füße mit den dicht befiederten Zehen wirken wie Schneeschuhe und verringern das Einsinken in den Schnee. Brut- und Aufzuchtsplätze, Sommer- und Wintereinstände sowie Balzplätze müssen artspezifischen Ansprüchen genügen. Da Auerwild sehr standorttreu ist, müssen diese Plätze und Bereiche ungestört und nahe beieinander liegen. Es reagiert sehr empfindlich auf Störungen und stellt dann rasch die Nahrungsaufnahme ein. In Deutschland ist es vom Aussterben bedroht.

Das Birkhuhn ist kein ausgesprochener Waldvogel wie das Auerhuhn, sondern bevorzugt offene, locker mit Büschen und Bäumen bewachsene Landschaften. Es lebt in den Alpen bis 2000 m Höhe im Bereich der Waldgrenze mit offenen Latschen- und Mattenregionen, außerhalb der Alpen auch noch in wenigen Mooren und Heiden. Auch das Birkhuhn ist bedroht.

Auerhahn | Birkhähne bei der Balz | Schneehuhn, gut getarnt

Das **Schneehuhn** lebt in Schneehöhlen meist über 1900 m im Hochgebirge. Es bevorzugt freie Flächen oberhalb der Waldgrenze und kommt zur Nahrungsaufnahme auf abgewehte, freie Flächen an Graten und Rücken. Es ist sehr gut getarnt und kaum zu sehen – im Winter weiß, im Sommer bräunlich. Der Tagesrhythmus entspricht dem von Schneeschuhgehern: vormittags beim Aufstieg und nachmittags beim Abstieg sind sie aktiv auf Nahrungssuche, Störungen können nur durch entsprechende Routenwahl vermieden werden.

Rotwild und **Gamswild** werden zusammen mit Rehen, Steinböcken und Wildschweinen dem Schalenwild zugerechnet, da die Füße zwei Paar Schalen (Hufe) haben – Paarhufer. Der Rothirsch ist die größte heimische Hirschart und lebt in Rudeln. Rotwild hat seine Wintereinstände in geschützten Tallagen, wo es aber durch den Menschen zurückgedrängt wurde in höhere Lagen. Dort, im Bergwald, kann es bei Störungen dann Bäume verbeißen und schälen, d. h. Knospen und Rinde schädigen. Dadurch wird die Schutzfunktion des Bergwaldes vor Naturgefahren geschwächt, Bäume können erkranken und sind auch forstwirtschaftlich nicht mehr zu nutzen. Gamswild findet sich nur im Hochgebirge oberhalb der Waldgrenze.

9.5. Unterschiede Mittel- und Hochgebirge

Mittelgebirge sind erdgeschichtlich weitaus älter als die Alpen, daher sind sie auch weniger steil und mit abgerundeten Kammlagen. Baumaßnahmen, auch Trittschäden durch Vieh oder Sportler, wachsen im Mittelgebirge mit den weniger steilen Hängen und längeren Vegetationszeiten schneller wieder zu als im Hochgebirge. Hier ist Erosion ein großes Problem, weshalb Bodenverwundungen gleich welcher Art vermieden werden sollten. Naturgeographisch gibt es in den weniger steilen Mittelgebirgen daher weniger Extremstandorte als Refugien für Pflanzen und Tiere wie im Hochgebirge. Es gibt keine reinen Ruhezonen, Menschen kommen überall hin. Im Hochgebirge sind viele Bereiche nicht zugänglich und durch Schluchten, Steilwände oder Flüsse vor menschlichen Störungen weitgehend geschützt.

Rothirsch und weibliches Tier

Gams auf Nahrungssuche

Mittelgebirge sind vergleichsweise kleinräumig, die Nutzungsüberlagerungen sehr eng. Loipen, Wege, Landwirtschaft, Forstwirtschaft, Jagd, Tourismus und eben Wildtiere teilen sich einen stark begrenzten Naturraum. Der Lebensraum vieler bedrohter Wildarten liegt in diesen Höhenlagen der Kammbereiche von Mittelgebirgen. Es ist daher im Mittelgebirge besonders wichtig, dass sich Schneeschuhläufer und andere Besucher an ausgewiesene Wege und Zonen halten, gesperrte Bereiche und enge Wälder meiden.

Typische Kammlage im Mittelgebirge. Hier treten Nutzungsüberlagerungen zwischen Wildtieren und Schneeschuhläufern auf. Diese Bereiche sind daher zu meiden.

9.6. Nordic Snowshoeing – konkret

Nordic Snowshoeing erlebt in den letzten Jahren einen Boom. Ob Snowboarder auf Tour im Hochgebirge, Schulgruppen im Flachland oder Gruppen im Mittelgebirge – jeder kann Schneeschuhlaufen, es braucht für den Anfänger nicht viel Material und auch nicht viel Können. Schneeschuhläufer treten oft in Gruppen auf, man kann sich unterhalten, und wie beim Nordic Walking auch gesellig Sport treiben. Schneeschuhlaufen ist massentauglich, und darin liegt die Problematik für die Umwelt. Es ist neben Nordic Cruising die konfliktreichste nordische Sportart.

Schneeschuhlaufen macht nur im tiefen Schnee abseits von gespurten oder planierten Wegen richtig Spaß. Mit den Schuhen ist man so beweglich, dass im hindernisreichen Wald die Entdeckungstour reizt. Im Wald treten dann plötzliche Störungen des Wildes auf – wie anfangs erklärt mit hohen Fluchtstrecken und geringen Reaktionsdistanzen. Um Beeinträchtigungen der Natur gering zu halten, muss der Schneeschuhläufer seinen Spaß im Tiefschnee in den Bereichen suchen, in denen Wild nicht gestört wird.

Dazu sollte man nicht abseits durch Wälder laufen, sondern lieber auf großflächigen Wiesen mit Abstand vom Waldrand. Auch auf markierten Waldwegen gibt es ungespurten Schnee, zum Beispiel an der Bankette, am Rand der Wege. Notfalls sind auch die ersten Meter am Waldrand entlang des Weges zu nutzen, wenn die Bäume dort nicht bereits zu dicht stehen.

Der DSV weist in den **DSV nordic aktiv Zentren** entsprechende Schneeschuhzonen oder Areale und auch Trails aus, wo ungespurter Schnee und eine abwechslungsreiche Streckenführung gewährleistet sind. Der Sportler sollte sich an entsprechende Angebote halten und mit gutem Beispiel (Spuren sind sichtbar) vorangehen.

Hält der Schneeschuhläufer sich an entsprechend markierte Trails und Zonen, entstehen keine Konflikte mit Wald und Wild.

Lenkungsschild in einem DSV nordic aktiv Zentrum

Ausgewiesene Schneeschuh- und Skitourenrouten bietet auch der Deutsche Alpenverein mit seinem Projekt „Skibergsteigen umweltfreundlich". Ein grünes rundes Schild weist den Sportler hier auf ökologisch verträgliche Routen hin.

9.7. Verhaltenstipps

Planung und Anreise
- Informiere Dich über Natur und Kultur des Tourengebietes
- Plane nach Möglichkeit mehrtägige Aufenthalte statt eintägige Tagestouren
- Nutze das örtliche Angebot an Gastronomie und Infrastruktur

- Beachte bei der Tourenplanung und -auswahl Regelungen in bestehenden Wild- und Naturschutzgebieten
- Reise umweltschonend an, mit ÖPNV, Fahrgemeinschaften oder auch dem Fahrrad
- Nutze ausgewiesene Parkplätze und blockiere keine Zufahrten etc.
- Verzichte auf den Einsatz motorisierter Hilfsmittel (Bsp. Motorschlitten)

Unterwegs im Gelände
- Informiere Dich über die Lebensräume und die Lebensarten des Wildes, weiche diesen nach Möglichkeit aus. Bei einem zufälligen Zusammentreffen bleibe ruhig stehen und bewege Dich nur langsam vom Wild weg
- Nutze Wege und Infrastruktur. Das Ziehen von eigenen Spuren querfeldein sollte unterbleiben, außer in speziell ausgewiesenen Zonen oder auf großen offenen Flächen. Denke daran, Deine Spuren sind sichtbar und ziehen Nachahmer nach sich
- Umgehe Wildfütterungen und Jagdstände
- Wähle Rast- und Biwakplätze abseits von gehäuften Tierspuren und Wildruheplätzen, die oft in dichteren Waldbereichen bzw. an geschützten Sonnenhängen liegen
- Denke an die richtige Zeitplanung: Bergrücken und Grate im Bereich oberhalb der Waldgrenze sollten vor Sonnenauf- und nach Sonnenuntergang gemieden werden. Hier ist der Lebensraum des Schneehuhns
- Vermeide die Dämmerungszeiten, gerade dann braucht das Wild Ruhe. So genannte „Mondscheintouren" können sehr problematisch für das Wild sein
- Durchquere Waldgebiete auf Forststrassen oder üblichen Routen, die ausgezeichnet sind. Vermeide Touren im Bereich der Waldgrenze oder in dichteren Wäldern, insbesondere durch Aufforstungen und Jungwuchs
- Mit Schneeschuhen neben den Aufstiegsspuren von Skitourengehern laufen
- Schneeschuhläufer sollten keine Langlaufloipen betreten, wenn dann nur am Rand (Bankette), wo oft noch Tiefschnee ist. Nutze ungespurte Forstwege
- Offene Wiesenflächen sind ideal zum Schneeschuhlaufen. Bis 2 Stunden nach der Morgendämmerung und 2 Stunden vor der Abenddämmerung sollten offene Wiesen und insbesondere deren Randbereiche aus Gründen des Wildschutzes und aus Respekt vor der Arbeit von Jägern gemieden werden
- Im Bereich der Waldgrenze halte nach Möglichkeit Abstand von Einzelbäumen und Baumgruppen und laufe nicht parallel zur Waldgrenze – dies ist der Lebensraum des Birkwildes

- Schone im Frühjahr die frisch ausgeaperten Grasflächen. Diese sind besonders empfindlich
- Lass Deinen Hund im Wald nicht frei laufen
- Genieße die winterliche Ruhe, störe sie nicht durch Lärm. Nimm dir Zeit für die Beobachtung der Natur
- Beachte Hinweistafeln und Markierungen.

Nach der Tour
- Gebe Dein Wissen weiter. Denke an Deine Rolle als Multiplikator
- Sei Anwalt für die Natur
- Zeige stets Engagement für ein dauerhaftes Vergnügen mit Nordic Ski, Schneeschuhen und Co.!

Zu Vertiefung der Thematik Umwelt und nordische Sportarten sei hier auf die Bücher der DSV-Umweltreihe 1–9 verwiesen, deren Erstellung von der Stiftung Sicherheit im Skisport gefördert wird. Mehr Informationen unter www.ski-online.de/umwelt.

10. Rechtskunde

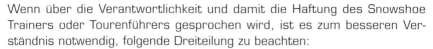

Wenn über die Verantwortlichkeit und damit die Haftung des Snowshoe Trainers oder Tourenführers gesprochen wird, ist es zum besseren Verständnis notwendig, folgende Dreiteilung zu beachten:

- die zivilrechtliche Haftung für einen Schaden
- die strafrechtliche Verantwortlichkeit (z. B. für die Tatbestände „Unterlassene Hilfeleistung", „Körperverletzung", „Tötung")
- die Folgen eines Zuwiderhandelns gegen öffentliches Recht.

Rechtsgebiete		
Öffentliches Recht	**Zivilrecht**	**Strafrecht**
regelt das Verhältnis des Staates zum Bürger und der hoheitlichen Träger untereinander	betrifft das Verhältnis des Bürgers zum Bürger, umfasst die Rechtsvorschriften, die sich mit den rechtlichen Beziehungen der Bürger untereinander befassen und ihren privaten Interessen dienen.	ist ein Teilgebiet des öffentlichen Rechts, das sich mit den Voraussetzungen und der Durchsetzung des Strafrechts befasst. Eine Straftat ist dabei ein menschliches Verhalten, das von einer Rechtsnorm strafbar gestellt wurde. – Strafgesetzbuch

Aus: Wöllzenmüller/Grunewald 1977

In strafrechtlicher, wie auch in zivilrechtlicher Hinsicht wird eine Verurteilung insbesondere nur dann erfolgen, wenn dem Betroffenen eine fahrlässige Verursachung des Schadenseintritts bzw. des Delikts nachgewiesen werden kann.

In strafrechtlicher Hinsicht bedeutet Fahrlässigkeit die Frage: „Wäre das Ereignis vermeidbar gewesen?" Dies ist dann der Fall, wenn es voraussehbar war. Maßstab für die Voraussehbarkeit (Vermeidbarkeit) in der Tätigkeit als Nordic Snowshoeing Trainer sind die einzuhaltenden Sorgfaltspflichten. Wenn der „Betroffene" sämtliche für den Sachverhalt maßgeblichen Sorgfaltspflichten eingehalten hat, wird man in der Regel davon ausgehen, dass das negative Ereignis nicht voraussehbar (= nicht vermeidbar) war und damit auch nicht fahrlässig herbeigeführt wurde.

In zivilrechtlicher Hinsicht bedeutet die Frage nach der fahrlässigen Verursachung, ob die bei der betreffenden Tätigkeit üblicherweise zu beachtenden Sorgfaltspflichten eingehalten worden sind.

Die regelmäßig zu beachtenden Sorgfaltspflichten des Nordic Snowshoeing Trainers ergeben sich aus den Inhalten der Fachausbildung, also aus den Lehrplänen.

10.1. Zivilrecht

Kommt es im Zivilrecht aufgrund unterschiedlicher Interessen (Geführter-Tourenführer) zu einem Prozess, ist Folgendes zu beachten:

- Die Partei, nicht der Staat klagt (Parteienprozess)
- Der Verhandlungsgrundsatz ist hierbei, dass die Parteien Sachverhalte vortragen, Tatsachen beibringen und Beweise anbieten müssen
- Die Beweislast liegt primär beim Kläger, d.h. er muss die Anspruchsvoraussetzungen und die für ihn günstigen Tatsachen schlüssig darlegen und beweisen
- Die Darlegungs- und Beweislast ist von entscheidender Bedeutung. Nur in Ausnahmefällen greift das Prinzip des Anscheinsbeweises oder der Beweislastumkehr
- Es erfolgt in der Regel keine richterliche Erforschung der Wahrheit, vielmehr eine Bewertung der durch die Parteien dargebotenen Tatsachen und Beweise

Aus diesen Gründen ist „Recht haben" und „Recht bekommen" mitunter ein Problem der Beweisdarbietung durch die Parteien. Die zivilrechtliche Haftung ist versicherbar.

10.2. Strafrecht

Im Strafrecht greift die Amtsermittlung mit einer staatlichen Beweislast. Diese wird mit einem Ermittlungsverfahren abgeschlossen. Steht eine Straftat nicht zweifelsfrei fest, gilt der Grundsatz „in dubio pro reo". Bei alpinen Unternehmungen werden meist folgende drei Paragraphen des StGB als Straftatbestände angeführt:

§ 323c StGB – Unterlassene Hilfeleistung
Wer bei Unglücksfällen oder gemeiner Gefahr oder Not nicht Hilfe leistet, obwohl dies erforderlich und ihm den Umständen nach zuzumuten, insbesondere ohne erhebliche eigene Gefahr und ohne Verletzung anderer wichtiger Pflichten möglich ist, wird mit Freiheitsstrafe bis zu einem Jahr oder mit Geldstrafe bestraft."

§ 222 StGB – Fahrlässige Tötung
„Wer durch Fahrlässigkeit den Tod eines Menschen verursacht, wird mit Freiheitsstrafe bis zu fünf Jahren oder mit Geldstrafe bestraft."

§ 229 StGB – Fahrlässige Körperverletzung
„Wer durch Fahrlässigkeit die Körperverletzung einer anderen Person verursacht, wird mit Freiheitsstrafe bis zu drei Jahren oder mit Geldstrafe bestraft." Unterlassene Hilfeleistung ist ein sog. Echtes Unterlassungsdelikt. Doch können z. B. auch Körperverletzung oder Tötung durch Unterlassen begangen werden.

Eine strafrechtliche Verantwortlichkeit wegen Unterlassung setzt voraus, dass der (Nicht)handelnde eine Pflicht zum Handeln hat. Die Pflicht zum Handeln kann sich aus folgenden Begebenheiten ergeben:

- Eine natürliche Verbundenheit (=Verantwortlichkeit der Eltern für die Kinder § 1626 BGB)
- Eine vertragliche Verpflichtung (= eine geführte, auch unentgeltliche Tour)
- Die tatsächliche Übernahme einer Führung (Führer aus Gefälligkeit, faktische Führung)
- Eine Gefahren- und Vertrauensgemeinschaft

Ist eine dieser Voraussetzungen gegeben, spricht man von einer „Garantenstellung", d.h. es besteht eine Rechtspflicht zum Handeln. Wird dieser Rechtspflicht nicht nachgekommen, bedeutet dies, dass die Strafverfolgungsbehörden von Amts wegen ermitteln und ggf. Anklage erheben. Der Beschuldigte hat hierbei keine Verpflichtung zur aktiven Mitwirkung und das Recht zu schweigen. Für eine strafrechtliche Ahndung müssen die Voraussetzungen gem. folgender Übersicht gegeben sein.

Fahrlässiges Handeln:

I   Handlung oder Unterlassung (Garantenstellung)
  1) Objektive Sorgfaltspflichtverletzung
  2) Objektive Voraussehbarkeit
  3) Ursächlichkeit und Pflichtwidrigkeitenzusammenhang
  4) Subjektive Sorgfaltspflichtverletzung und Voraussehbarkeit
II Rechtswidrigkeit
III Schuld

I + II + III ist: Strafrechtliche Verantwortung des Einzelnen

Objektive Sorgfaltspflicht bedeutet hierbei: Allgemein anerkannte Alpingrundsätze wie offizielle für die Ausbildung verwendete Lehrschriften (keine persönlichen Meinungen).

Zusammenfassung:
Dreh- und Angelpunkt sowohl im Zivil- wie auch im Strafrecht ist die Sorgfaltspflicht des „(Schneeschuh)-Tourenführers". Die hautsächliche Gefahr bei Schneeschuhtouren in alpinem Gelände stellt die Lawinengefahr dar. Zur Handlungssicherheit hierzu wird folgender Sorgfaltsmaßstab empfohlen:

- Anwendung einer nach allgemeinen Alpingrundsätzen anerkannten Entscheidungsstrategie; diese sind:
  - 3x3 Filter- und Faktorencheck (DAV)
  - Snow Card (je nach Level der Ausbildung)
  - Stop or Go (OeAV)
  - Munter
  - Limits (Dt. Bergführerverband)
- Abfrage und Bewertung des aktuellen Lawinenlageberichtes
- Ausweichmöglichkeit (Durchquerung)
- Entlastungsabstände (wenn gem. Entscheidungsstrategie gefordert)
- Mitführen / Kontrolle der Notfallausrüstung (VS-Gerät (ein Muss!), Sonde, Schaufel) bei alpinen Touren

Ein Beachten der allgemeinen Führungsgrundsätze, Regeln und Limits, die der (Schneeschuh)-Tourenführer im Rahmen seiner Ausbildung vermittelt bekommt, ist geeignet, das Haftungsrisiko weitgehend zu verringern.

10.3. Öffentliches Recht

Das öffentliche Recht ist derzeit im Zusammenhang mit Snowshoern als eher sekundär einzustufen. Grundsätzlich besteht nach der Bayerischen Verfassung Art 141, Abs. 3 für Erholungszwecke ein uneingeschränkter Zugang zur Natur. Eine Einschränkung dieses Zugangs ist jedoch aufgrund von öffentlichem Interesse durch behördliche Anordnungen zulässig. Da diese Einschränkungen bis auf Kommunalebene möglich sind und daher im Einzelfall auch sehr unterschiedlich sein können, wird dem Snowshoer empfohlen, sich bei größeren Unternehmungen abseits der ausgewiesenen Strecken vor Ort kundig zu machen. Insbesondere in Gebieten mit Nationalparks ist dies unabdingbar.

Literaturverzeichnis

Alpenvereinsjahrbuch Berg 2006

Avalanche Instructor Course 2005, Lehrunterlagen, Gebirgskompetenzzentrum Andermatt, 2005

Bayerisches Wasserwirtschaftsamt, Lawinenwarnzentrale Flyer 2006

Bergsteiger Magazin, diverse Fachbeiträge

Berg- und Steigen, diverse Fachbeiträge

Brühl, Hubert, Falkner, Gerd (Redaktion): DSV-Lehrbriefe, Schriftenreihe des deutschen Skiverbandes Heft 5. Neuauflage Planegg 2002

Csaba Szepfalusi, Winterwandern und Schneeschuhwandern

Davidson, Daniel S.: Snowshoes. In der Reihe: Memoirs of the American Pholosophical Society VI, Philadelphia 1937

DAV Ausbilderhandbuch

Deutscher Alpenverein, Referat für Bergsteigen, Ausbildung und Sicherheit

Deutscher Verband für das Skilehrwesen e.V.: Ski-Lehrplan Band 4, BLV Verlagsgesellschaft mbH, München 1984

Deutscher Verband für das Skilehrwesen e.V.: Ski-Lehrplan Band 5, BLV Verlagsgesellschaft mbH, München 1985

Deutscher Skiverband (Hrsg.): Ausbildungs- und Prüfungsrichtlinien. Planegg 2000

Deutscher Skiverband (Hrsg.): Lehrplan Skilanglauf, Technik-Methodik-Training. Schwirtz, Ansgar, Planegg 2006

Deutscher Skiverband (Hrsg.): DSV nordic aktiv Ausbildungskonzept. Hölig, Wencke, Planegg 2005

Deutscher Skiverband, Rahmentrainingsplan Langlauf, Schriftenreihe des DSV, 2. Auflage Heft 30, Freiburg-München 1997

Deutscher Skilehrerverband, 2006, Risikomanagement

Diverse Produktinformationsveranstaltungen

DSV/SIS Umweltreihe Band 5/Band 7, München 2006

DSLV, Leichter Lehren Band 2: Nordic Fitness, Ebenhausen 2003

Diverse Eigene Unterlagen

Eidgenössisches Institut für Schnee- und Lawinenforschung, Achtung Lawinen, vierte Ausgabe 2003,

Falkner, Gerd: Meilensteine der internationalen und deutschen Skigeschichte. In DSV-Lehrbriefe. Schriftenreihe des deutschen Skiverbandes Heft 5. Planegg 2002.

Falkner, Gerd (Redaktion): Schneesport an Schulen. Band 2 der Schriftenreihe des deutschen Skiverbandes. Planegg 2004

Fichtner, Harald, Nordic Walking Compact, Music Bits Verlag, Luhe 2004

Geyer, Peter, Ortovox, Sicher auf Tour, 2005

Größing, Stefan: Einführung in die Sportdidaktik (8. Aufl.) Wiebelsheim 2001

Größing, Stefan: Unterrichtsplanung. In:Haag, Herbert/Hummel, Alfons (Hrsg.): Handbuch Sportpädagogik. Schorndorf 2001

Gabl, Karl: Lawinenhandbuch, Tyrolia Verlag Innsbruck

Lawinenwarnzentrale im Bayerischen Landesamt für Umwelt, Lehrgangsunterlagen für 21. Lawinenfortbildungslehrgang Jan. 2006, Sudelfeld

Ganser, Franz, Schwaighofer Daniela, Nordic Fitness, MaxFun GmbH, Wien 2004

Magnus, Olaus: Historia de Gentibus Septentrionalibus. Rom 1555 (deutsch Straßburg 1567)

Mehl, Erwin; Grundriss der Weltgeschichte des Skifahrens. Schorndorf 1964

Nordic sports Magazin, diverse Fachbeiträge

Wölzenmüller, Frank: Skilanglauf für Anfänger und Könner, BLV Verlagsgesellschaft mbH, München 1978

Obholzer, Anton: Geschichte des Skis und des Skistocks. Schorndorf 1974

Österreichisches Kuratorium für alpine Sicherheit, Lawinenfibel, 5. Auflage 2005

Österreichisches Kuratorium für alpine Sicherheit, Erste Hilfe Fibel, 3. Auflage 2005

Röthig, Peter, Trainingslehre, Limpert Verlag

Röthig Peter, Sportbiologie, Limpert Verlag

Schneeweiß, Christian, Schneeschuhtouren, Bruckmann Verlag GmbH, München

Winter. S., Richtig Bergsteigen, BLV Verlagsgesellschaft mbH, München 2002

NOTIZEN

Skiversicherung!

Ideal auch für *Mietski*

Das Original, natürlich von DSV aktiv

DSV-Versicherungen und der Spaß bleibt. Sicher!

Versichert sind alle Ski (Bruch/Diebstahl), auch Mietski. Inklusive Unfall-, Haftpflicht-, Kranken- und Rechtsschutzversicherung – damit schließen Sie Lücken zu bestehenden privaten Versicherungen.
Gratis: *VIP-Member Bonus* mit vielen exklusiven Mitgliedervorteilen und dem *DSV aktiv Ski & Sportmagazin*.

Weitere Infos, Beratung oder die Möglichkeit zum Versicherungsabschluss erhalten Sie unter:

Telefon: +49 / (0)89 / 85790-100
DSVaktiv@ski-online.de
www.ski-online.de/DSVaktiv

DSV aktiv – das Markenzeichen der Freunde des Skisports

NOTIZEN